湖南农业大学经济学院资助
基金资助和课题项目：
湖南省教育厅科学研究项目：“普惠金融视角下农村合作金融组织的金融能力建设研究（18C0173）”
湖南省社会科学成果评审委员会课题：“农民合作社信用合作的典型模式、风险防控及治理优化”
湖南农业大学校级科学基金项目：“社员异质性定量测定及其对合作社发展影响研究（18QN33）”
湖南农业大学省级优秀博士学位论文培育基金项目：“社员异质性背景下农村合作经济组织内开展资金互助研究（YB2016002）”

湖南农业大学经济学院学术文库

社员异质性视角下农民专业合作社内资金互助研究

Research on Mutual Funds in Farmer Professional Cooperatives from the Perspective of Membership Heterogeneity

周 蓉 李明贤◎著

经济管理出版社
ECONOMY & MANAGEMENT PUBLISHING HOUSE

图书在版编目（CIP）数据

社员异质性视角下农民专业合作社内资金互助研究/周蓉，李明贤著．—北京：经济管理出版社，2020.7

ISBN 978-7-5096-7287-7

Ⅰ.①社…　Ⅱ.①周…　②李…　Ⅲ.①农业合作社—专业合作社—资金管理—研究—中国　Ⅳ.①F321.42

中国版本图书馆CIP数据核字（2020）第133906号

组稿编辑：曹　靖
责任编辑：曹　靖　郭　飞
责任印制：黄章平
责任校对：董杉珊

出版发行：经济管理出版社
（北京市海淀区北蜂窝8号中雅大厦A座11层　100038）
网　　址：www. E-mp. com. cn
电　　话：（010）51915602
印　　刷：北京玺诚印务有限公司
经　　销：新华书店
开　　本：720mm×1000mm/16
印　　张：12.25
字　　数：213千字
版　　次：2020年10月第1版　　2020年10月第1次印刷
书　　号：ISBN 978-7-5096-7287-7
定　　价：78.00元

前　言

截至2019年12月底，我国依法在工商部门登记的农民合作社达220.7万家，约是2007年7月开始实施《农民专业合作社法》时的83倍，平均每个行政村约有3家合作社。农民合作社带动农户参与农业生产能力不断增强，实有入社农户超过1亿户，占全国农户总数的49.1%。合作社规模的不断扩张、产业化水平的逐步提高、市场竞争能力的不断提升，带动农户积极开展各项生产合作、运销合作，成为联结小农户对接大市场、帮助农户增收的、最有效的现代化新型农业经营主体。

然而，农户在农业生产过程中无论是遇到歉收的年份，还是丰收时扩大再生产都会面临融资需求的问题，弱势农户的融资需求得不到有效满足，“三农”融资难、融资贵的问题长期存在是制约我国农村经济发展的最主要的障碍。根据中国社会科学院于2016年8月18日公布的《中国“三农”互联网金融发展报告》，自2014年以来我国农村资金缺口已超过3万亿元。2017年10月，党的十九大提出实施乡村振兴战略，坚持农业农村优先发展，提出产业兴旺、农民要过上富裕生活，需要更多的资金。而现实中，虽然我国农村金融体系由商业性银行、政策性银行、合作金融组织以及非正规金融组织构成，但基本形成商业性银行“不为”、政策性银行“不足”、邮储银行“分流”、农信社“脱农”的尴尬局面。农村传统金融机构因为自身的“趋利性”与“三农”“弱质性”矛盾的存在而渐行渐远，作为农村金融的主力军，也倾向于农村龙头企业等优质客户，将小额信贷需求的农户拒之门外，且现在农信社正全面改制为农村商业银行，早已偏离合作金融目标，完全走上商业化道路。至此，真正为“三农”领域提供金融服务的正规农村合作金融组织基本消失殆尽，形成供给约束型的农村金融市场，广大弱势小农户被排斥在正规金融机构门外，大量小额信贷需求得不到有效满足。

为解决农村资金供需矛盾，缓解农户社员生产经营过程中的融资难题，迫切需要整合合作社内部社员自有的闲散资金，为合作社和社员创造“造血”功能，为产业发展助力。自2006年12月放宽农村地区金融机构准入条件以来，各类新型合作金融组织逐步成为中国农村金融发展的新生力量，其中，依托合作社发展新型农村合作金融，被认为是我国农村金融改革发展的重要举措。与商业金融在农村的应用模式不同，合作社内部资金互助在各项政策引导下的早期试点中有一部分取得了很好的效果。合作社内部资金互助即由社员自愿出资筹集互助资金，为有需要的社员提供生产性融资服务，资金互助以农村社区的“熟人社会”为基础，参与人员彼此熟知，信息更对称，以合作社产业为纽带，具有信任程度更高、交易成本更低等优势，因此备受关注。

中央政府高度重视新型农村合作金融的发展，一系列支持合作社开展信用合作的政策红利接踵而来，2008年党的十七届三中全会第一次提出“允许有条件的农民专业合作社开展资金互助”；2013年党的十八届三中全会再次提出“允许合作社开展信用合作”，并删去“有条件的”和“农民专业”两个限定词，加大了合作社开展信用合作的政策空间；接着，2014年中央一号文件指出“鼓励依托合作社发展合作金融的具体要求”；2015年、2016年中央一号文件都提到了合作社内部开展资金互助试点的进一步要求；2017年中央一号文件再次明确提出“要鼓励农民合作社内部信用合作试点，积极发展生产、供销、信用‘三位一体’的综合合作社”。此外，习近平总书记也曾多次强调：“三位一体”的新型合作与联合组织，把合作制农业产业化经营又提高了一个层次，实现了新老合作经济资源的对接和各种合作经济组织的合作与联合。

事实上，全国各地合作社内部开展资金互助业务如雨后春笋般涌现、遍地开花。其中，发展较好的“一省三县”山东省与河北省玉田县、安徽省金寨县、湖南省沅陵县被定为全国试点县市，涌现了许多新型农村合作金融发展的成功案例，如湖南沅陵王家岭养鸡专业合作社、山东省昌乐县华安瓜菜合作社以及贵州省丹寨朵往颂农业专业合作社，同时也积累了许多经验和取得了一定的成绩。从近年来各地合作社发展资金互助的实践中可以发现，在成员自愿参与、政府扶持指导下，在各类发展较好、带动力强的合作社内部开展资金互助业务，或者依托合作社组建资金互助社，探索“生产合作+供销合作+信用合作”的“三位一体”发展，能有效实施两社的合同互联和相互监督，可降低经营成本、提高社员生产合作组织化程度。依托合作社开展资金互助的模式具有信息对称、贴近农户需求等组织优势，是发展我国农村合作金融及破解农户融资问题的有益探索。

从国际经典合作社发展的实践来看，早期传统的合作社是基于相同或相似特征社员的联合，社员都是以惠顾者和所有者双重身份加入合作社，给按惠顾额分配制度和“一人一票”的民主管理机制提供了条件，合作社内部治理结构相对简单，合作社内开展合作金融强调社员无论贫富地位均平等，资金合作并非单纯资产集合，而是强调社员互助自救。然而，改革开放后，特别是 1992 年以来，我国工业化、信息化、城镇化与农业现代化同步发展，工商资本大量入侵的背景下，引发农村分工分化、农户分层加速，贫富差距加大的现象，农户群体在职业、收入和消费结构上表现出鲜明的分化和差异性特征，普通农户、兼业户、专业大户、家庭农场主以及龙头企业主并存，构成不同的农业经营主体，自然对合作社成员基础也产生一定的影响。其中，由农村精英、专业大户和龙头企业牵头领办的合作社，已经成为我国合作社中最重要的组织形式，这些具有不同资源禀赋的经营主体成为新一代合作社的社员，其入社目的、参与角色、参与行为、利益偏好及对合作社的贡献都有所不同，社员出现异质化特征成为合作社内部环境的常态，使合作社经典合作制原则和“一人一票”的民主管理机制受到挑战。

然而，合作社内部开展资金互助业务试点，虽在一定程度上填补了正规金融机构在农村金融供给方面的缺失与不足，解决了部分农民生产发展的资金短缺问题。但是，在社员呈现异质性特征的全新环境和背景下，合作社所有者和惠顾者身份错开，合作社资金互助民主管理机制和盈余分配制度是否会发生使命漂移，随之而来的内部人控制问题、精英俘获问题是否会对社员信用合作关系产生不良影响？此时依托合作社组建资金互助社能否有效发挥金融功能？在合作社内部资金互助试点获得初步成功之后，我们该如何保持其信用合作业务的可持续发展，都是我国目前发展新型农村合作金融需要考虑的问题，值得深入探讨和研究。

本书正是从社员异质性结构的微观视角，运用制度变迁理论、农户分化理论及集体行动理论等经典理论，对合作社内部资金互助的运行机理、经营绩效以及贷款定价等内容进行系统、深入的研究。首先，在对国内外前沿研究观点回顾与解读的基础上，通过全面梳理合作社内部开展资金互助的发展背景及运行现况，探索当前合作社内部环境变化下的社员异质性表现特征及形成的内在原因，并通过构建复合衡量指标体系对社员异质性进行定量测度。其次，根据异质性社员的经济行为特征以及投入要素差异，分别构建完全且完美动态博弈模型和伯特兰德静态博弈模型，探讨异质性社员参与资金互助的条件和稳定发展机制。再次，从社员融资需求视角，实证分析社员异质性对其融资满足程度的影响，并将社会资本概念引入研究体系，分析合作社内资金互助的运行机理、经营绩效及贷款定价等内容。又次，通过借鉴日本、韩国、德国以及中国台湾农村合作金融发展的成功经验，及其应对成员异质性采取的积极措施，反思我国合作社内发展资金互助的现实障碍和制约因素。最后，从社员异质性视角，提出加强合作社内部治理、合理利用社员异质性特征及优化外部环境等措施，为我国新型农村合作金融可持续发展及农村合作金融制度改革提供理论依据与现实参考。

周　蓉

2020 年 5 月 5 日

目 录

第1章 导论

1.1 研究背景、目的及意义

1.1.1 研究背景

截至2017年11月底，我国依法在工商部门登记的农民专业合作社达到199.9万家，是2007年7月开始实施《农民专业合作社法》时的76倍，年均增长60.1%，平均每个行政村有近3家合作社，目前，实有入社农户超过1亿户，占全国农户总数的46.8%。其中发展最快、最有效的一类为农民专业合作社，全国各类示范性农民专业合作社也超过13.5万家。合作社①规模的不断扩张、产业化水平的逐步提高、市场竞争能力的不断提升，带动农户积极开展各项生产合作、运销合作，成为联结小农户对接大市场、帮助农户增收的、最有效的现代化新型农业经营主体。然而，农户在农业生产过程中无论是遇到歉收的年份，还是丰收时扩大再生产都会面临融资需求的问题，弱势农户的融资需求得不到有效满足，"三农"融资难、融资贵的问题长期存在是制约我国农村经济发展的最主要的障碍。

为了缓解社员生产经营过程中的融资难题，迫切需要整合合作社内部社员自

① 如无特别说明，文中的"合作社"是指2007年7月1日实施的《农民专业合作社法》中定义的"农民专业合作社"的简称。

有的闲散资金，为合作社和社员创造“造血”功能，为产业发展助力（汪小亚，2016）。实践表明，在社员自愿参与、政府指导下，各类发展较好、带动力较强的农民专业合作社在内部开展资金互助业务试点或者依托合作社组建资金互助社，实施“生产合作＋信用合作”，有效发挥合作社与资金互助部合同互联与相互监督的优势（洪正，2011），降低交易成本、提高社员的组织化程度和向心凝聚力（苑鹏、彭莹莹，2013）。依托合作社开展资金互助的模式具有手续更简便、信息更对称、更贴近农户需求等优势，是发展我国农村合作金融及破解农户融资问题的一种有益探索。当然，中央政府对合作社内开展资金互助也高度重视，自2008年党的十七届三中全会提出允许有条件的农民专业合作社开展信用合作以来，之后几乎每年的中央一号文件都提到了引导和鼓励农民专业合作社内开展资金互助信用合作，创新农村合作金融发展模式。其中，2017年中央一号文件提出，加强合作社规范建设，积极发展生产、供销、信用“三位一体”的综合合作社。近几年，合作社内资金互助信用合作试点的发展也充分表明，未来合作社的发展方向将是集生产、运销与信用合作为一体的综合型农村合作经济组织。

从国际经典合作组织发展的实践来看，早期农民专业合作社是基于相同或相似特征社员的联合，社员都是以惠顾者和所有者双重身份参与合作社，社员的利益趋同性为合作社内统一行动提供了条件，按惠顾额分配制度和“一人一票”的民主管理机制具有普遍性，依托合作社开展合作金融也是按照社员平等的基本原则，遵循资金合作并不是单纯资产的集合，而是强调社员的互助与自救。20世纪90年代以来，我国工业化、信息化、城镇化、农业现代化同步发展，一部分农户先富裕起来，农村出现阶层分化加快、贫富差距加大的现象，普通农户、兼业户、专业大户、家庭农场主以及龙头企业主并存，构成了农村主要的内部环境。农村分层、分化的现象对合作社内部成员构成也产生了一定的影响，由农村精英、专业大户和龙头企业牵头领办的专业合作社，成为了我国农村合作经济组织中最重要的组织形式（张晓山，2009）。面对市场经济多元化发展的局面，农民专业合作社的发展更多依赖稀缺资源的投入，向“全要素合作”的发展模式转变（王曙光，2009），土地、劳动力、资金、技术以及社会资本等不同要素所有者都涌入合作社，他们的入社目的、参与角色、参与行为、利益偏好以及对合作社的贡献都有所不同，导致社员异质化（林坚、黄胜忠，2007）。社员异质化结构对农民专业合作社及其资金互助的治理机制和绩效都会产生影响（孙亚范，2008；梁剑峰、李静，2015）。合作社内部委托代理关系随着成员结构分层，演变成不同层次要素所有者之间的代理关系。拥有稀缺资源要素的核心社员逐步控制内部治理结构的决策权和控制权，出现“精英俘获”“大农吃小农”等现象，经典的“一人一票”的民主治理机制异化为了“一人多票”的“非民主”治理机制，处于弱势地位的普通社员的权益可能被盘剥，这种异化的治理机制使合作社经典合作制原则和民主管理机制受到了挑战（林坚、王宁，2002）。

目前，对于合作社内资金互助的现实情况，国内外学者也进行了一系列研究，但似乎都是从合作社整体发展角度研究的，“解释和梳理”资金互助业务的开展，并没有结合“改革开放条件下，农户分化、异化等新情况”的研究背景，思想性较强，但时效性略显不足。很多研究将农户看作一个整体，不加区分微观主体资源禀赋和参与行为的研究也无法解决当前农户融资困境，立足于某一区域、基于“农户内部特征”视角得出的结论甚寡，这就给我们从新的视角研究农户参与资金互助提供了足够的空间。所以，本书从社员异质性的视角研究合作社内资金互助等问题，对于揭示我国目前新一代农民专业合作社内部成员资金互助的产生、运行及执行操作等都有理论意义和现实意义。

1.1.2 研究目的

本书基于社员异质性视角，对我国农民专业合作社内开展资金互助的相关问题进行系统、深入的研究。目的是通过探讨新一代农民专业合作社社员异质性的内涵、形成原因、数学测定以及异质性社员参与资金互助的行为及其博弈、贷款定价等问题，以便更好地发挥农民专业合作社的资金互助功能，缓解农户融资约束问题，促进我国农民合作社“三位一体”的综合发展。

第一，在对社员异质性的内涵、形成原因进行全面分析的基础上，根据社员异质性的内涵以及案例合作社产业发展的特性，构建社员异质性程度测定的数学方法和衡量指标，并以某一经典合作社为研究样本，实证分析社员异质性的差异程度，回答社员异质性是否存在的问题。

第二，根据异质性社员参与资金互助的经济行为选择的不同，建立异质性社员参与资金互助的动态博弈模型，研究异质性社员之间达成合作的可能性条件；然后，从异质性社员投入要素的不同，构建异质性社员参与资金互助的静态博弈模型，研究异质性社员参与资金互助的稳定机制。

第三，对合作社异质性社员融资需求及其满足程度作一个实证研究，探讨社员异质性特征对社员获得互助金满足程度是否有影响以及影响程度如何；然后，根据实证结果，选取社员异质性社会资本特征，探讨其对农民专业合作社内资金互助组织绩效的影响机理，试图回答社员异质性下合作社的资金互助功能如何有效发挥的问题。

第四，对社员异质性下合作社内资金互助贷款定价进行分析，根据异质性社员内资金互助的参与行为及利益诉求的差异，探讨社员异质性下合作社内资金互助贷款定价如何确定。并以一个典型案例为研究对象，试图厘清社员异质性下合作社资金互助均衡定价机制的生成问题。

第五，借鉴与我国人多地少背景相似的日本农协、韩国农协以及中国台湾农会资金互助发展的成功经验以及他们应对社员异质性采取的积极措施，反思我国农民专业合作社内资金互助的制约因素和现实障碍，最后提出缓解社员融资约束、促进社员异质性下农民专业合作社内资金互助持续稳定发展的具体政策建议。

1.1.3 研究意义

农民专业合作社内开展资金互助是保持所有者与服务者统一的农村合作金融组织的创新发展模式，是农民在金融需求得不到有效满足的现实情况下的一种“自救”行为，属于诱致性变迁的非正规合作金融产物。这种非正规金融生生不息，也表明这种自发性合作金融具有极强的生命力，而这种生命力就源于传统的农村社会资本。农村亲友邻里间借贷基本上不用依靠任何抵押品，利用的仅是熟人之间的信任和关系网络，这就是处于农村社会网络中的农民依赖社区信任，在农村社区规范下形成的最典型非正规互助性融资，对缓解农户融资、助力“三农”发展以及促进农户增收有积极作用。考虑自由市场经济下社员社会资本资源禀赋不同的特征，对农民专业合作社内资金互助的治理机制、产权安排以及盈余分配等方面进行系统、深入的研究，对于丰富和完善合作社理论体系，具有重要的理论意义和现实意义。

1.1.3.1 理论意义

结合农户分化理论、制度变迁理论、委托代理理论、社会资本理论以及集体行动理论，全面地分析了农民专业合作社内部开展资金互助的现实需求、发展模式、组织治理、成员行为及发展成效等问题，为合作社内开展资金互助、发展信用合作提供理论依据。以我国农民专业合作社的蓬勃发展为背景，以市场经济快速发展、经济自由权利的获得导致社员分层、分化为现实条件，基于社员异质性的视角，对农民专业合作社内开展资金互助业务问题进行系统、深入的研究，丰富了基于中国情境下的合作社理论和农村合作金融理论。

1.1.3.2 现实意义

从异质性社员的信用行为以及投入要素差异的角度构建异质性社员参与资金互助的动态博弈模型和静态博弈模型，探讨合作社内开展资金互助的条件和稳定发展机制，为我国依托农民专业合作社开展资金互助、发展新型农村合作金融提供理论参考。以一个全国示范性合作社为代表案例，构建社员异质性程度的复合衡量指标体系，用定量研究方法测定案例合作社社员异质性的差异程度，然后对合作社内部资金互助的运行机理、贷款定价、经营绩效等问题进行深入挖掘，试图以典型案例推广的形式，基于社员异质性的全新视角，提出促进农民专业合作社内资金互助持续稳定发展的具体政策建议，对我国依托农民专业合作社发展新型合作金融组织具有重要的指导价值，也将为政府部门制定我国农村合作金融改革发展的相关政策提供理论依据和现实参考。

1.2 国内外相关研究现状与简要述评

1.2.1 国外研究现状

1.2.1.1 社员异质性内涵的研究

农民专业合作社社员异质性及其相关研究是合作社理论的重要研究领域之一。传统合作经济组织内环境发生变革，农户异质性并非生产决策中的偶然现象，而具有一般性（Berkhout 等，2011），以 Levay（1983）和 Staatz（1983）研究农民专业合作社成员行为的影响为起点，农民专业合作社社员异质性的相关研究开始以形式化方式出现。按照美国社会学家彼特·布劳在《不平等和异质性》一书中的定义，异质性是指由某个特定类别参数表示的差异性。关于异质性的研究已成为了当前经济行为理论研究的一个重要方向，受到 Sexton（1986）、Zusman 和 Cook（1995）、Chaddad（2004）等学者的关注，他们认为社员异质性表现为社员资源禀赋、年龄以及受教育程度等存在显著差异，其中资源禀赋包括社员的产品规模、投入资金、社会关系、非农收入等要素。Iliopoulos 和 Cook

(1999) 认为社员的要素禀赋、生产策略、所处位置、经营方式以及市场策略五个方面的差异导致社员出现异质性结构。而 Karantinin 和 Zago (2001) 建立了一个博弈理论模型研究社员异质性，提出社员入社前资源禀赋差异是导致社员异质性的根本原因。为了获得更多的发展资金，越来越多的合作社逐步放松了传统合作社关于“使用者所有”原则的严格规定，吸引一些非生产者向合作社投资，合作社内部出现生产者与非生产者共存的现象，进一步加深了社员的异质化。Shumeta Z 和 Haese M D (2016) 在研究咖啡种植合作社对农户收入和产量的影响时，发现社员与非社员之间有明显差异，得出合作社成员资格是导致社员异质性的主要原因。传统农民专业合作社内部环境发生变革，农户生产决策异质性对土壤肥力存在影响，农户异质性不是其在生产决策中的偶然现象，而更具有一般性（Berkhout 和 Schipper，2011）。

1.2.1.2 社员异质性对农民专业合作社发展影响的研究

国外农民专业合作社发展系统中本身就包含了合作金额这一部分，以日本和韩国独具特色的“东亚模式”为代表，以信用合作社为合作金融模式内生于农业综合协同组织，将合作金融纳入合作经济理论研究体系。从国外学术研究的历史轨迹来看，其重点已从农民专业合作社发展外部环境转移到了组织内部结构、治理机制以及成员行为差异等微观研究。

（1）社员异质性下农民专业合作社的治理机制研究。

传统上，一个运作优良的农民专业合作社，要求社员在共同价值观、组织承诺、信任程度等方面具有很高的同质性，同质性有利于社员达成一致决策，交易成本更低。社员具有同质性特征的农民专业合作社中，社员产权归属明晰，不存在某一些社员或领头人控制合作社的局面，社员向合作社投资、参与合作的积极性更高，合作社内部治理结构透明，治理相对简单（Fulton，1999）。但是，传统合作组织社员同质性正在瓦解，社员异质性特征越来越明显，农民专业合作社的治理问题也越复杂（Nilsson，2001）。在社员异质性背景下，社员与组织之间的协调难度加大，农民专业合作社内部各项决策成本更高，社员对合作社投资的意愿、合作的意愿降低（Bijman J，2005）。Staatz (1987) 和 Bijman J (2003) 认为，在农民专业合作社发展的变迁中，“一人一票”经典的治理机制开始带有意识形态的诉求，小规模生产的普通社员与大规模生产的核心社员之间的利益诉求具有差异性，为了保证核心社员投资和生产的积极性，部分合作社采用与社员惠顾额挂钩的“比例投票”制取代了“一人一票”的治理机制，经典的民主治理机制发生了异化（Staatz，1987；Bijman，Hendrikse，2003）。Iliopoulos C 和 Valentinov V（2017）从成员不稳定关系探讨了社员异质性，认为异质性会提高成员集体决策成本，但合作领导人在治理过程中会追求成员内部利益和外部社会经济需求的平衡。

（2）社员异质性下农民专业合作社的收益分配研究。

社员异质性背景下，农民专业合作社社员决策成本更大导致内部治理问题变得更加复杂，则可能对社员之间的收益分配以及合作关系产生影响，许多学者从不同的角度研究了这个问题。Bourgeon 和 Chambersy（1999）建立了一个两阶段博弈模型，研究了异质性成员在信息不对称的情况下，通过影响合作社的定价制度，进一步影响合作组织的绩效。Banerjee 等（2001）构建了一个寻租理论模型探讨社员异质性对农民专业合作社组织效率的影响，认为剩余控制权分布不平衡的条件下，当未分配的股份占总股份的比重超出某一值时，核心社员可能进行内部寻租活动，如通过压低收购价格、转移未分配储备金或留存收益等侵占普通社员的利益。Jia X 和 Huang J（2011）认为社员异质性通过改变农民专业合作社内部的契约安排，进而影响社员盈余分配的权益。Höhler J（2017）提出成员结构异质性不一定是组织缺陷或风险产生的原因，他通过运用 Lazear 模型对农业合作社中异质性成员构成进行分析，提出了异质性成员合作的条件。

（3）社员异质性下农民专业合作社的发展策略研究。

社员异质性背景下，农民专业合作社的治理问题变得更加复杂，异质性社员通过定价制度、股权分配、收益留存等方式影响合作社的收益分配，那么合作社本身如何规范发展、保护社员的整体利益，也是学者们关注的问题。异质性社员的利益诉求具有差异性，从而经济行为具有策略选择性，许多学者利用博弈论方法研究异质性社员的行为和策略。Karantinis 和 Zago（2001）认为农民专业合作社需要对异质性社员规模作合理规划，他们通过构建一个非合作博弈模型研究了社员制度和异质性结构对农民专业合作社行为的影响，得到了双寡头垄断背景下农民专业合作社的最佳成员规模的衡量指标。Choi 和 Feinerman（1993）用博弈论研究方法分析了社员异质性下农民专业合作社如何达到帕累托最优的问题，他们认为明确的定价制度和收益分配政策是使异质性社员与合作组织收益最大化的必要条件。Staatz（2001）运用动态博弈模型研究了异质性社员参与定价的行为，他们认为核心社员和普通社员的交易成本存在差异，平均定价策略会使具有优势的核心社员"用脚投票"，提出合作组织要以社员的成本差异特征制定定价策略，成本更低的社员应该分担更小的成本，这是维护社员异质性下合作组织稳定的必要条件。

1.2.2 国内研究现状

1.2.2.1 社员异质性的内涵及表现

农民专业合作社的特定参与主体为农户，区别于成员特征趋同的传统农民合作组织，新型农民专业合作社所有社员的差异性表现称为社员异质性（邵科、徐旭初，2008）。从我国农民专业合作社发展趋势来看，社员异质性特征已成为农民专业合作社内部的常态，合作社是不同要素所有者为了共同利益而结合的互助性经济合作组织，根据社员资源禀赋的差异程度，合作社社员分化为拥有稀缺优势资源的核心社员和拥有一般要素如劳动力的普通社员（林坚、黄胜忠，2007）。社员资源要素禀赋的差异导致了其入社目的、角色定位、利益诉求、所承担风险以及对合作社贡献程度等方面的差异，进而形成异质性的社员结构（黄胜忠，2008）。邓衡山（2014）认为异质性特征表现为农户在经营规模、人力资本及资金实力等方面的差异。任芃兴（2012）从要素稀缺性角度研究社员异质性，认为社员异质性体现为拥有关键性稀缺要素差异程度与要素之间合作程度的综合反映。于会娟、韩立民（2013）在研究社员异质性问题时，提出要素禀赋差异是社员异质性特征的本质表现，也是社员参与合作社动机、参与目的、参与角色等差异产生的根源。

1.2.2.2 社员异质性形成原因

社员异质性已经引起了许多合作社研究者的重视，那么社员异质性结构是如何形成的？我国农村农民高度分化、工商资本大量入侵的现实也使农民专业合作社的参与成员基本由纯农户、从事经销贩运的兼业农户、资本化经营的工商企业主等多种主体构成，也呈现出较强的异质性（潘劲，2011）。大多数合作社都是个别“农村精英”或专业大户在这种制度变迁下为追逐利益而生成的产物，社员初始产权资本化势态明显，于是形成少数拥有大额资本的核心社员与多数拥有小额资本的普通社员并存的局面，这种初始异质性在农民专业合作社业务开展中，由于社员之间的博弈及政府的推动、干预而不断演化、加深。从我国合作社发展的实践来看，成员异质性已成为合作社内部环境的常态，除了社员本身年龄、文化程度、生产规模、技术水平、收入状况以及社会关系等存在基本差异外，面对经济社会环境的变化和市场竞争的日益加剧，合作社服务能力的提升往往更多地依赖稀缺要素资源的投入，所以从一开始就积极吸纳拥有各类不同要素资源的生产经营者加入合作社，社员分化为核心社员和普通社员两类不同利益诉求和经济行为的主体。上层核心社员聚集了资金、社会资本、企业家才能、先进技术等多种要素组合参与合作，而下层普通社员只能依靠自有要素劳动力、土地和少量资金参与合作，要素收益从下到上不断聚集向核心社员倾斜的利益分配制度造成了新一轮的资源禀赋差异，农民专业合作社的社员异质性特征愈加强化（何安华、邵锋等，2012）。

1.2.2.3 社员异质性对农民专业合作社发展影响的研究

20世纪90年代自中国加入世界贸易组织以来，农业发展逐步转型，众多小农户与大市场对接显得越发苍白无力，此时，作为连接农户与市场的农民专业合作社应运而生（黄胜忠、徐旭初，2008）。农户是否加入合作社取决于合作社能否给他们带来利益，然而合作社从发起、组建、运行到发展壮大必然是在异质性社员之间寻求动态合作均衡的过程，而异质性社员之间能否形成稳定的合作关系，也在于其经济利益能否得到合理和有效的分配。关于社员异质性对农民专业合作社发展影响的研究内容，主要包括异质性社员的合作关系、社员异质性对合作社治理结构、产权结构、收益分配等方面的影响。

（1）异质性社员合作关系的相关研究。

农民专业合作社内所有成员分化为核心社员和普通社员两类，核心社员拥有更广泛的社会资本和企业家才能、掌握市场销路等核心稀缺资源，从而拥有绝对的话语权，合作社出现“内部人控制”的异化现象，普通社员在参与决策和管理中处于依附地位（邵科、徐旭初，2013）。黄珺、朱周玮（2007）以农民专业合作社成员关系为研究视角，基于收益分配视角探讨了专业大户和普通农户的合作动因，研究表明异质性社员的合作均衡取决于市场供求状况，虽然大户缺乏与小户合作的动机，但为了提高整体市场谈判能力，大户有选择与小户合作的利益增收机制。崔宝玉、李晓明（2008）通过典型案例研究社员合作程度，认为异质性社员的合作是一个寻求动态均衡的两阶段过程，社员对合作收益的共同追求而建立的初期合作会随着异质性的加深而弱化，提出通过健全内部权力配置的制衡机制深化异质性社员之间的合作。袁久和、祁春节（2013）则用多种博弈模型分析了异质性社员合作关系的可能性与稳定性，认为只要合作社预期收益率满足一定条件，异质性社员之间也能维持长期稳定的合作，并提出成员异质性合作社治理的关键不是绝对削减核心社员的权利，而是通过不断提升普通社员的合作参与度和监督能力，实现对核心社员权利的相对约束。核心社员拥有的大额资本和企业家才能与普通社员拥有的土地、劳动力资源的适当匹配，能更好地克服生产合作的资源壁垒，改善前期合作社组建时面对市场的弱势地位。所以，社员具有异质性特征并不是深化合作的障碍，相反各类社员拥有不同的优势资源能很好地互补，促进社员之间的合作（楼栋、孔祥智，2014）。

（2）社员异质性对合作社治理的影响分析。

社员异质性对合作社的发展具有正负两方面的影响，且不同形式的异质性产生的影响也不相同。社员异质性无法消除且长期存在，如果过于强调“一人一票”的民主表决机制，由于社员所处的层次不同且农户的经济判断能力参差不齐，反而会造成集体决策成本上升，导致合作社治理效率下降（郭富青，2007）。核心社员是更多稀缺要素的拥有者，相比普通社员他们承担更多的成本和风险，如果核心社员的利益诉求得不到有效满足，就会不可避免地抑制更多资本、技术等稀缺要素向合作社投入的积极性（张靖会，2012）。邵科、徐旭初（2008）调查了浙江省 88 家合作社，以社员入股额度差异作为社员异质性的衡量指标，发现合作社股份化倾向越严重，则股份体现的所有权结构对合作社的治理产生的影响越大。入股大户一般拥有相对优越的社会资本，抗风险能力强，故而能承担更多发起合作社的固定成本，那么合作社的所有权、控制权和受益权必然掌握在大户手中，向大户倾斜的治理机制有其存在的合理性和有效性（张晓山，2011）。孔祥智、蒋忱忱（2010）则用人力资本要素拥有量指标衡量社员异质性，探讨社员异质性对农民专业合作社治理机制的影响，认为人力资本要素拥有量的差异决定了合作社治理机制的作用发挥，符合帕累托改进和激励相容的原则，因此也是一种合理并且有效率的制度安排。刘西川、陈立辉等（2015）从发展目标、产权界定、内部治理以及政府支持等方面探讨完善资金互助治理制度的条件与路径。提出政府可以运用配股等手段促使异质性社员之间实现激励相容，而不是简单地提供资金扶持。

那么，从我国合作社发展的实践来看，大户治理存在合理性和有效性的同时，如何保障普通小农户不被边缘化、利益不受侵犯？于会娟、韩立民（2013）在研究异质性社员的农民专业合作社治理问题时，认为要素投入差异是导致社员异质性的根本原因，提出倾向稀缺要素所有者的产权安排和治理机制，是尊重社员要素禀赋和要素贡献差异的、合理并有效率的制度设计。因此，合作社的治理不能只关注制度设计是否偏离经典合作制原则，而且要尊重在合理范围内的制度偏离。同质性社员合作社中，社员入股份额基本相当，按交易量（额）分配盈余的制度存在的公平、合理性是毋庸置疑的，但是在异质性社员合作社中，社员基本分为生产型农户与非生产型农户，盈余按交易量（额）比例分配或者按出资额分配都会难以均衡，所以异质性社员合作社的盈余分配制度也更加复杂。所以，社员异质性结构是影响合作社的决策和利益分配机制的重要因素，有学者提出通过建立所有成员的激励机制确保合作社治理机制和盈余分配制度的公平与效率，特别是建立核心社员的利益激励机制（周文根，2007），采用约束其“权责”与激励其“收益”相结合的策略（高海，2009）。另外，为保障普通农户的生产积极性和参与积极性，需要平衡普通社员与核心社员之间的股权比例、合理规定单个社员入股的下限和社员获得合作社资源配置和服务的上限，最大限度地提高普通成员利益的可获得性（颜华、冯婷，2015），既要兼顾合作效率又要维护公平，使异质性社员的整体收益达到最大化。文雷（2016）认为在异质性社员合作社的理事会成员利用自身的信息优势采取机会主义，普通社员无法对其进行监督和惩罚的情况下，实施内部监督机制是完善内部治理结构的应有之意。刘雨欣、李红（2016）运用不完全信息博弈模型分析农机合作社内部监督缺失问题，研究发现社员异质性使得普通社员选择不监督策略，不利于普通社员利益的充分实现，提出弱化核心社员的入股比例，缩小核心社员与普通社员间的资源禀赋差异等兼顾公平与效率的对策建议，促进合作社的持续健康发展。

1.2.2.4 社员异质性与农民专业合作社内资金互助研究

（1）农民专业合作社内开展资金互助的现状与意义。

20世纪90年代后期，农村金融制度改革引起商业银行农村网点的并撤，正规金融机构几乎全部退出农村，2002年，以合作金融为代表的农信社偏离合作制，异化为商业性金融机构。直到2007年大力推进新型农村金融机构改革，鼓励合作社内开展资金互助业务或者依托合作社建立独立的资金互助组织为弱势农户提供金融服务。其中，专业合作社内开展资金互助以更低交易成本、更靠近农户需求，能有效满足社员的融资需求（薛桂霞、孙炜琳，2013），相比政府主导，自下而上组建的农民资金互助社更具组织优势和发展前景，从而，我国特别强调农村合作经济组织产业发展对构建新型合作金融的重要性（夏英、宋彦峰，2010；彭春凝、苟正金，2011）。就目前的发展实践来看，各类农村合作经济组织走上“生产、运销、信用”三位一体的合作道路是必然趋势（聂左玲、汪崇金，2017）。关于这类内生性合作金融的研究基本以专业合作社以及社员的融资困境为出发点，分析合作社内部社员之间的融资行为。近几年我国农民专业合作社处于发展规模迅速扩大和产业覆盖面的加速提升以及社员融资需求的增加和从正规金融机构融资难的矛盾中，催生了一批内生于农民专业合作社提供零星、小额信贷的合作金融模式，在解决社员生产性融资方面的业务虽还处于初期阶段，但能有效满足部分成员的生产性资金需求，具有较强的经济效益与发展潜力（沈红丽，2016）。

农民专业合作社内开展信用合作，以社员资金互助为纽带，实现经济与金融的联合，具有产业链统一、社员基础紧密以及交易成本更低等组织优势，具有顽强的生命力，是发展农村合作金融的一种有效模式（何广文，2007）。戎承法、楼栋（2010）对我国68家开展资金互助的农民专业合作社实地调研发现，54.4%的合作社通过内部资金互助可以满足社员的生产性融资需求，但还有13.2%的合作社存在违约情况，提出通过明确法人身份、利率相对自由化等措施能促进专业合作社内资金互助的健康发展。然而，也有学者认为我国专业合作社内开展信用合作的条件还不够成熟。因为我国合作社还处于发展初期，大多数合作组织存在内部利益关系松散、盈利分配机制不健全等问题，其社会经济和金融服务功能仍然很有限（孙亚范，2009）。张琦（2007）在西北地区的实地调查也发现，依托合作社生成的资金互助组织在法人治理结构、经营风险补偿及管理体制等方面都存在缺陷，而这些问题的解决有赖于农村合作金融组织的制度创新。合作社作为内部合作金融组织的母体，资金互助业务涉及两个组织，合作社固定资产、政府扶持资金使用高度重合，成员交叉、产权关系模糊使得组织权益混淆，资金互助容易出现经营风险，也会对合作社产生其他负面影响（付琼，2013）。

（2）社员异质性对合作社内资金互助影响的研究。

关于社员异质性对合作社内资金互助影响的研究，不同的学者从不同角度作了研究。陈东平、任芃兴（2013）认为社员异质性结构是来源于农村圈层结构改变的社会变迁过程，社员异质性增大导致资金互助组织治理机制偏离“一人一票”的经典合作制原则，并提出异质性社员之间开展资金互助要实现有效金融供给，还应该需要农村金融政策明确方向，并辅以相应辅助措施。陈东平、钱卓林（2015）通过对苏北滨海县两家农村资金互助社的调研发现，认为必须坚持“一人一票”的民主决策机制，抑制核心社员的改向主张，保障普通社员权益顺利实现的治理结构，避免资本累积而引起农村资金互助社的“使命漂移”。潘婷、何广文等（2015）通过田野调查和案例研究，发现合作社内部资金互助与社员结构存在关系，虽然普通社员与核心社员之间利益目标差异阻碍了内部“利益共享机制”的构建，进而造成资金互助的约束，但是构建以合作社“项目”为依托的利益共享机制能解决成员缺乏融资积极性的问题，从而为社员异质性下合作社资金互助困难提供一条可行性路径。

还有学者从社员异质性形成原因的角度出发，研究社员异质性对农村合作金融组织内部治理机制以及盈余分配的影响。陈东平、张雷等（2017）利用苏北资金互助社 2009 ~ 2014 年度财务报告数据，研究了异质性社员行为对资金互助社盈余分配的影响，发现核心社员通过提高入股份额增加工资收入，进行“隧道”挖掘获取更多额外利益，提出限定核心社员入股比例，增强内部稽核办法，抑制核心社员的“隧道行为”。赵锦春、包宗顺（2016）使用农民资金互助合作社社员代表（净贷款者）占全体社员比重表示社员异质性，对盐城东台市 23 家农民资金互助社的面板数据进行研究，发现社员异质性对农民资金互助社的资本管理存在显著影响。相比普通社员，核心社员本身拥有的优势资源和资本是合作社生成和发展的关键要素，那么异质性社员合作社的治理结构中，核心社员掌握更多的决策权和控制权，普通社员为了获得更多低成本的金融服务而默认让渡部分权益，实现大户与小户的博弈均衡是开展内部合作金融的必然选择。社员异质性会通过合作社内部治理机制影响资金互助的资本管理，但合作社也能通过合理的内部治理机制实现互助金资本管理的动态持续发展。

1.2.3 国内外研究现状述评

结合国内外研究成果的梳理，对社员异质性及合作社内资金互助的研究与现状得到以下结论：

与我国农民专业合作社发展的现实条件和制度环境不同，国外学者对合作社内资金互助的关注与研究开始较早。国外早期的农民合作组织就具有分工明确的定位，合作社内资金互助部门是促进其他部门业务发展的动力，对合作社发展有举足轻重的作用。随着国外合作社的发展与转型，社员异质性成为合作社理论研究的重点内容，基于社员参与、社员行为等微观视角，研究异质性对合作社发展影响的内容比较丰富，研究内容涉及合作社治理机制、盈余分配以及资产定价、制度变迁以及合作社转型发展等问题，给我国农民专业合作社发展及其内部资金互助研究提供了理论基础。

2007 年 7 月，我国第一部《农民专业合作社法》的颁布，推动了合作社的发展，也极大地推动了国内关于合作社的理论研究，因此本书总结的关于合作社的文献基本集中在2007年以后。进入21世纪以来，农村分工分化、农户分层加速蔓延，合作社理论研究中社员异质性内容开始受到学者的关注，研究视角开始从合作社整体发展的宏观层面过渡到内部成员结构的微观视角，研究合作社内部治理、盈余分配及成员关系的内容初步形成，为新形势下我国农民专业合作社的发展提供了理论参考。2006年底，银监会提出放松我国农村金融准入条件后，依托合作社组建资金互助社的合作金融创新模式进入大众视野，合作社理论研究拓展到内部信用合作，关于合作社内资金互助研究包括其发展现状、运行机理、发展成效以及如何推动合作社内资金互助规范发展等内容。

但是，基于目前国内农村社会分化、农户分层的现实情境，关于社员结构、社员参与和合作社内部资金互助问题还有待进一步形成和完善。虽有一些研究涉及社员异质性对合作社内资金互助发展的影响，但大多直接以外部环境或合作社整体发展为研究基础，忽视了合作社内部成员个体差异的影响，很难揭示实践发展中合作社内资金互助的运行机理和组织绩效等问题。也很少有研究专门基于社员结构的视角，提出促进合作社内资金互助健康持续发展的对策建议。然而，作为农村合作金融的创新发展模式，合作社基础上发展资金互助内生于社员的实际生产需求、服务于社员的生产经营活动，其生存和发展在很大程度上依赖于不同成员的资源禀赋及其经济行为选择，所以从社员异质性结构出发，研究合作社不同社员参与资金互助的行为机理及其对组织绩效、贷款定价的影响，使异质性社员参与合作社信用合作的研究在合作社领域得到拓展和深化，为目前我国农民专业合作社内资金互助健康发展提供理论基础。

1.3 研究内容、方法及思路

1.3.1 研究内容

本书基于社员异质性结构的微观视角，运用制度变迁理论、社会资本理论、集体行动理论等经典理论，对农民专业合作社内资金互助的运行机理、经营绩效以及贷款定价等内容进行系统、深入的研究。主要研究内容与章节安排如下：

第1章，导论。本书的选题背景、目的和意义。对国内外合作社内资金互助、社员异质性及其两者之间关系的相关文献进行梳理和简要评价，确定本书的主要研究内容、研究方法以及研究思路，总结本书的创新点和不足之处。

第2章，合作社内资金互助的概念界定与理论基础。介绍了合作社概念及其发展情况，解释了合作社内资金互助的内涵以及对农村合作金融与合作社内资金互助概念作了辨析。

第3章，合作社内资金互助的发展背景和运行现况。分析了合作社内开展资金互助的发展背景、现实需求、发展历程、政策演变等内容，并结合目前我国合作社内发展资金互助的独特优势以及面临的挑战，说明了本书以社员异质性结构作为研究视角的意义。

第4章，社员异质性内涵、形成原因及其定量测定。从社员同质性向社员异质性转变的历史背景出发，对合作社社员异质性的内涵进行界定，剖析社员异质性的形成原因，根据社员异质性的表现特征，构建一个包含土地规模、文化程度、技术水平、入股份额、社会信任以及关系网络6种投入要素的复合指标体系衡量社员异质性程度，用实证研究方法定量分析了社员异质性的差异程度。研究发现，在同一合作社内社员投入要素的分布具有差异性，且各成员之间的差异性程度不一致，为下文深入研究社员异质性问题提供研究基础。

第5章，异质性社员参与合作社内资金互助的博弈分析。将合作社异质性社员分为核心社员和普通社员两类，从理论上阐述了不同主体参与合作社内资金互助信贷行为的差异，并剖析了合作社资金互助的内部治理和盈余分配制度，分别构建完全且完美信息动态博弈模型和伯特兰德（Bertrand）价格博弈模型，探讨异质性社员参与合作社内资金互助的条件和稳定发展机制。

第6章，社员异质性对资金互助满足程度影响的实证分析。从社员的融资需求角度出发，分析了异质性社员的融资需求特征及其满足程度的差异，构建一个简单的二元Logit回归模型，研究社员异质性对其融资的满足程度的影响以及影响程度。研究发现，异质性社员的合作意向和参与行为的差异直接影响合作社资金互助业务的金融资源分配情况，导致社员获得互助金的满足程度有显著差异。实证结果表明，除了社员的入股额度，社会资本的社会信任和关系网络是社员获得互助金满足程度的主要影响因素。

第7章，社会信任、关系网络与合作社内资金互助绩效分析。将社会资本概念引入研究框架，利用关系网络理论和结构洞理论，探讨了异质性社员社会信任和关系网络对其参与资金互助行为及其组织绩效的影响，提出两个理论命题，第一，社会信任是合作社内开展资金互助的前提条件与基础，并能降低信息不对称；第二，核心社员占据合作社关系网络中的结构洞，为普通社员搭桥，强化内部治理，提升资金互助业务绩效。然后利用一个典型的案例对上述两个命题进行验证，回答社员异质性下合作社的资金互助功能如何有效发挥。

第 8 章，社员异质性下合作社内资金互助贷款定价分析。从福利主义和制度主义对小微金融组织的贷款定价的争论出发，探讨合作社内部资金互助贷款定价的生成逻辑。利用集体行动理论，结合典型案例分析合作社内资金互助贷款定价的实践发展，探讨异质性社员参与治理对资金互助定价决策的积极影响。研究发现，在考虑资金互助规模及社员异质性结构下，合作社内部资金互助产生的组织成本和交易成本是贷款价格需要覆盖的部分，科学合理的贷款价格就成为资金互助持续均衡的必要条件，最后提出研究合作社内资金互助持续稳定发展的定价原则。

第 9 章，国内外经典合作社内信用合作发展经验及启示。分析借鉴世界农村合作金融起源之地德国以及与我国经营模式相似的日本农协、韩国农协以及中国台湾农会开展资金互助业务的成功经验，分析他们应对合作社及社员差异化发展所采取的措施，反思我国农民专业合作社内资金互助制约因素和现实障碍，发现合作社内资金互助发展受内部治理和制度建设水平缺陷、外部合作金融环境威胁等现实障碍制约。

第 10 章，研究结论与对策建议。归纳本书的主要研究结论，从内部治理和外部环境两方面提出促进农民专业合作社内资金互助持续健康发展的对策建议，以期为我国合作社内资金互助的持续健康发展提供参考。

1.3.2 研究方法

1.3.2.1 比较分析法

以我国合作社发展的历史变迁为背景，对比分析社员同质性与异质性的表现特征及其转变的生成机理，为本书从社员异质性角度研究合作社内部资金互助问题打下了坚实的理论基础；从理论上对比分析同质性社员与异质性社员参与资金互助的行为逻辑，包括参与目的、参与行为、投入要素等方面，构建了一个异质性社员获得互助金满足程度的理论模型，研究社员异质性对其融资满足程度的影响。

1.3.2.2 博弈分析法

异质性社员资源禀赋差异导致入社目的、参与行为以及利益诉求等方面存在差异，其参与资金互助的经济行为符合博弈的有关规则，所以本书创新性地运用博弈论分析法，根据异质性社员的经济行为和要素投入差异，分别构建异质性社员参与农民专业合作社内资金互助的完全且完美的动态博弈模型和伯特兰德静态博弈模型，模拟异质性社员参与资金互助业务的经济行为和要素投入，探讨异质性社员参与合作社内资金互助的条件和稳定发展机制。

1.3.2.3 实证分析法

考虑到目前我国农民专业合作社内资金互助还处于早期探索阶段，缺乏大样本统计数据，因此本书主要采用实证分析中的案例研究法。基于社员异质性视角，对合作社内资金互助运行机理、经营绩效以及贷款定价等内容进行深入研究，具有典型代表性；通过对案例合作社社员家庭的实地调研，获取样本社员的真实数据，构建衡量社员异质性程度的复合指标，实证测定了合作社社员的差异性程度，填补了学术界对社员异质性定量研究的空白；运用 Logit 模型对社员融资需求及其融资满足程度的影响因素进行了实证分析。

1.3.2.4 归纳和演绎分析法

分析并借鉴与我国人多地少、背景相似的日本农协、韩国农协及中国台湾农会等合作组织内资金互助业务发展历程及其应对社员异质性的成功经验，利用归纳分析法和演绎分析法对我国合作社内资金互助发展的现实障碍和制约因素进行反思，为探讨我国农民专业合作社内资金互助的持续健康发展路径提供思路。

1.3.3 研究思路

本书在对农民专业合作社内部资金互助的现实需求及其发展现状分析基础上，从理论上阐释了社员同质性向异质性转变的历史背景及形成原因，并通过构建一个复合指标体系对社员异质性进行了定量测度。首先，根据异质性社员的经济行为特征以及投入要素差异，分别构建完全且完美动态博弈模型和伯特兰德静态博弈模型，探讨了异质性社员参与资金互助的条件和稳定发展机制；其次，以一个典型案例为代表，从社员融资需求视角对社员异质性对其融资满足程度的影响作了一个实证分析；再次，对案例合作社内资金互助的运行机理、经营绩效以及贷款定价等方面进行全面、系统的研究；又次，通过借鉴日本、韩国以及中国台湾合作社内信用合作发展的成功经验及其应对成员异质性采取的积极措施，反思我国农民专业合作社内发展资金互助的现实障碍和制约因素；最后，基于社员异质性视角，提出加强合作社内部治理、合理利用社员异质性特征以及优化外部环境等措施促进农民专业合作社内资金互助持续稳定发展。

研究思路基本沿着社员对资金的现实需求—农村金融有效供给不足—诱发合作社内部资金互助生成—社员主动参与—内部运行机理、条件支撑—国内外经验借鉴与启示—外部制度保障的主线展开研究。

具体技术路线如图1-1所示。

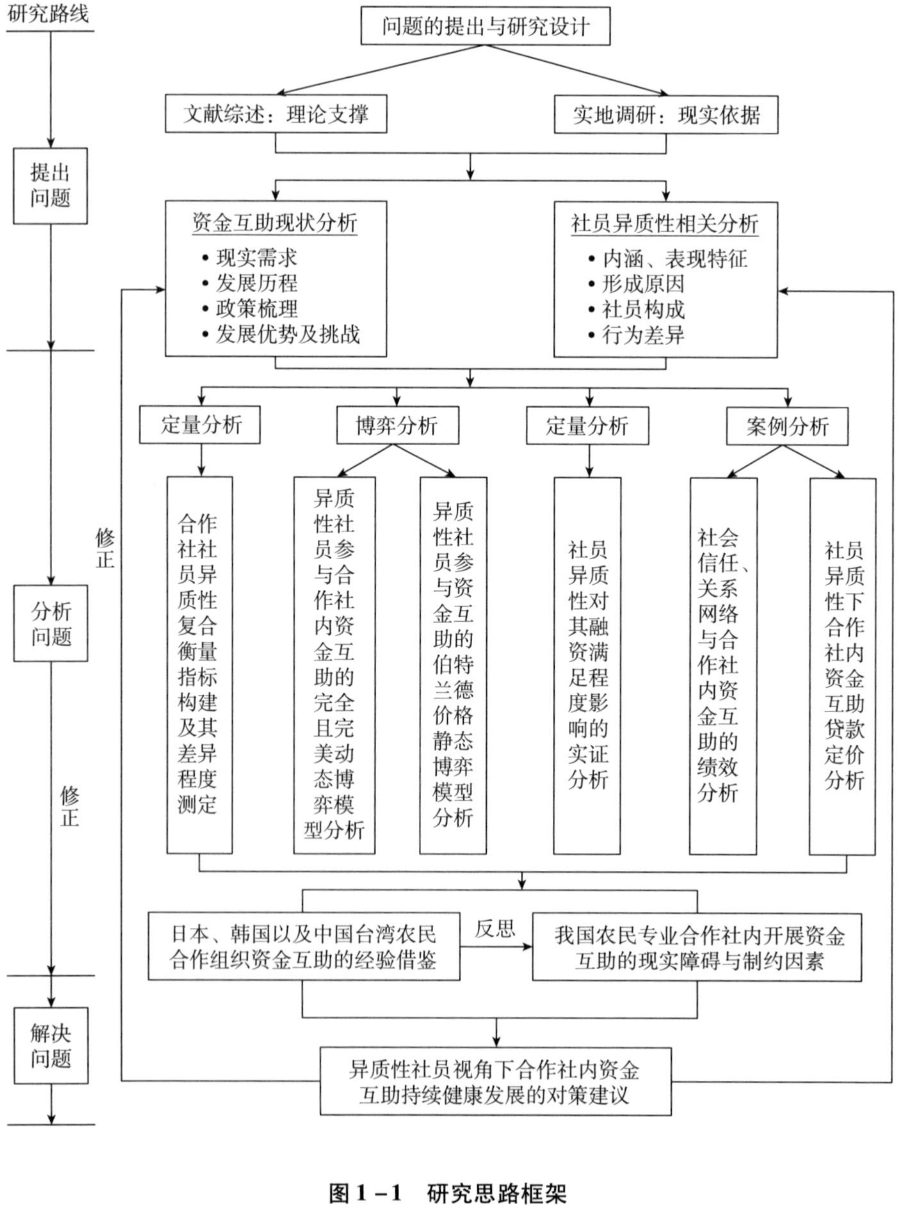

图1-1 研究思路框架

1.4 可能的创新点和不足之处

1.4.1 可能的创新点

第一，创新性地基于合作社社员异质性结构的微观视角，系统地研究农民专业合作社内资金互助的发展问题。合作社内资金互助是农户自愿参与的集体行动，其产生和发展在很大程度上与成员资源禀赋和参与行为的差异有关，所以本书创新性地将资金互助发展与社员异质性结合起来，考察社员异质性结构对其参与资金互助的影响，丰富了中国情境下的合作社理论体系。

第二，丰富和拓展了社员异质性的定性与定量研究。结合我国合作社发展的背景和合作制原则的转变，全面解析了社员异质性的内涵和形成原因，弥补了当前学术界对社员异质性定性研究的不足；创新性地从社员的资源禀赋状况出发，构建了社员异质性的复合衡量指标，并采用计量分析方法测定了合作社社员的异质性程度，填补了现有关于社员异质性定量研究的不足。

第三，丰富和拓展了社员参与行为理论。创新性地借助博弈论理论方法，分别模拟异质性社员的借贷行为和投入要素差异，构建完全且完美动态博弈模型和伯特兰德价格静态博弈模型，探讨了异质性社员参与资金互助的条件和稳定发展机制，拓展了社员参与合作社内资金互助行为理论。

第四，丰富和拓展了资金互助组织绩效和贷款定价研究。采用社会资本理论分析社员社会信任、关系网络对合作社内资金互助运行绩效的影响，拓展了合作社绩效评价思路。此外，创新性地基于核心社员参与管理的视角，分析了合作社内资金互助贷款定价的形成机理，回答了怎么样的社员参与行为和治理机制能提升组织绩效，丰富了合作社理论研究体系。

1.4.2 不足之处

鉴于笔者能力和精力的限制，本书尚存在几点不足之处。

一方面，目前，我国农民专业合作社内开展资金互助属于合作社内部业务范畴，主要由当地农业部或金融办授权设立，并没有在工商、民政部门或者银监局登记注册，基本没有金融业务许可证，属于非正规或准正规合作金融组织。因此，当地政府部门对农民专业合作社内部资金互助平台缺乏统一管理，难以掌握具体数据。无法从正规途径获得大规模数据，且数据的真实性难以把握，不具备作大样本实证研究的条件，所以本书对合作社的调研主要集中在湖南省，缺乏全国其他地区的调研数据。因此，难以把握我国农民专业合作社发展的整体面貌，也缺乏对合作社发展地区差异的科学判断。所以，本书主要是以博弈论研究方法和案例研究方法为主，基于社员异质性微观视角，分析农民专业合作社开展资金互助的社员行为、融资满足程度以及组织绩效和贷款定价等内容，深入探讨合作社内资金互助持续健康发展的一系列问题，虽具有典型代表性，但普遍性还需要进一步提升。

另一方面，受合作社发展现状和笔者调研条件的限制，案例的样本数量略显不足，在一定程度上影响了研究结果。在后续研究过程中，笔者会进一步扩大调研样本量，对更多地区开展资金互助的农民专业合作社发展情况进行深入调研，积累更多的一手资料，进一步充实研究成果，增强研究的科学性和说服力。

第2章 合作社内资金互助的概念界定与理论基础

2.1 概念界定

2.1.1 合作社

20世纪80年代初期，我国实行农户家庭联产承包经营责任制改革，全国2.4亿农户开始实施小规模分散经营模式，这一制度变革在很大程度上解放和发展了农业生产力。90年代中后期，随着我国农产品市场竞争日趋国际化，小规模分散经营的农户市场谈判能力弱，难以掌握市场变化趋势、不具备议价能力与市场竞争能力，且单个农户具有进入市场的交易费用、运销成本高等自身发展缺陷，导致农业经营效益低，严重影响了农民从事农业生产的积极性。小农户生产经营在国际市场竞争中举步维艰，小农户与大市场的对接矛盾日益凸显，农业、农村的经济发展在很大程度上受到限制（杜吟棠，2005；张江宇，2007）。小规模农业分散经营模式难以突破这些自身缺陷，农业生产经营制度和组织创新迫在眉睫，为了降低交易成本、应对市场风险，各类农村合作经济组织悄然而生，并在全国范围内迅速发展壮大。

国际合作社联盟（International Cooperative Alliance，ICA）对合作社的定义为："合作社是由自愿联合的人们，通过其联合拥有和民主控制的组织，满足他们共同的经济、社会和文化需要及理想的自治联合体。"对于我国合作社（Farmer Professional Cooperatives）的概念界定，在 2017 年 12 月 27 日第十二届全国人民代表大会常务委员会第三十一次会议修订的《中华人民共和国农民专业合作社法》（以下简称《合作社法》）第一章第二条给出了明确规定："农民专业合作社，是指在农村家庭承包经营基础上，农产品的生产经营者或者同类农业生产经营服务的提供者、利用者，按照'自愿联合、民主管理'的原则，以农户为基础、产业为依托、利益为纽带组建的互助性经济组织。"《合作社法》第一章第四条详细规定了合作社应当遵循的原则：①成员以农民为主体。②以服务成员为宗旨，谋求全体成员的共同利益。③入社自愿、退社自由。④成员地位平等，实行民主管理。⑤盈余主要按照成员与合作社的交易量（额）比例返还。本书所述的合作社是对具备上述概念内涵的农民专业合作社的简称。

2006 年 10 月 31 日，第十届全国人大常委会第二十四次会议通过《农民专业合作社法》，并于 2007 年 7 月 1 日起正式实施，从此全国各地各类农民专业合作社呈现井喷式增长。据农业农村部最新数据，截至 2019 年底，全国依法登记的农民合作社达 220.7 万家，约是 2007 年的 83 倍，年平均增量达到 18%，农民合作社带动农户参与农业生产能力也不断增强，实有入社农户超过 1 亿户，占全国农户总数的 49.1%（见表 2－1）。

表 2－1　全国农民专业合作社数量及其增量　　单位：万家

年份	数量	增量
2007	2.64	—
2008	11.09	8.45
2009	13.91	2.82
2010	38.16	24.25
2011	52.17	14.01
2012	68.90	16.73
2013	98.24	29.34
2014	128.88	30.64
2015	153.11	24.23
2016	156.27	3.16
2017	175.36	19.09

续表

年份	数量	增量
2018	217.30	41.94
2019	220.70	3.40

资料来源：2017 年之前各年份数据来自农业部农村合作经济司等．中国农民专业合作社发展报告（2017）［M］．北京：中国农业出版社，2019：3. 2018 年、2019 年数据来自农业农村部网站（http：//www.moa.gov.cn/）。

合作社以其成员为主要服务对象，在种植、畜牧、农机、渔业以及林业等各个产业开展生产、加工、运输以及销售服务等活动，旨在尊重农民生产经营权的基础上，提高我国农业产业化水平和组织化水平，解决农户小规模经营与大市场对接问题，降低交易成本，促进农业技术进步以及农民收入增加（孙亚范，2006；苑鹏，2008）。在我国农业市场化和国际化程度不断加深的背景下，农户分散经营与社会化大生产之间的矛盾日益尖锐，发展各类合作社已经成为提高我国农业竞争力和解决“三农”问题的一项治本之策（张晓山，2005；姜长云，2005）。

随着我国现代农业的快速发展，合作社发展也呈现前所未有之良好态势，通过社员之间的生产、销售合作，形成了稳定的内部交易合作关系，其合作层次也不断提升、经营范围不断扩大，由早期规模小、单纯在生产销售领域合作，逐渐向集生产、加工、流通、销售、金融为一体的综合性合作经济组织方向发展，承接农业生产的产前、产中和产后各阶段，融合农村第一产业、第二产业、第三产业各业态。随着目前合作社涉及产业的不断拓宽，合作内容的不断增加，合作社的发展已经超过了第一部《合作社法》规定的范围，为了更好地引导、规范合作社的组织和行为，保护其成员的合法权益，2017 年 12 月 27 日，十二届全国人大常委会第三十一次会议表决通过修订的《中华人民共和国农民专业合作社法》由第 83 号主席令予以公布，自 2018 年 7 月 1 日起施行。合作社的发展有效降低了小农户的生产交易成本，克服了单家独户的弱势地位，保证了农产品生产、销售，较好地实现了“小农户”与“大市场”的顺利对接，有效提高了农民增收能力、提升了农业增效潜力、增强了农户和农业的市场竞争力，农户参与农业生产经营的积极性进一步得到极大提升。

2.1.2 合作社内资金互助

2014 年底，中共中央、国务院提出将山东省作为开展新型农村合作金融的试点省，以期为全国提供可复制、可推广的经验。2015 年初，山东省政府办公厅印发了《山东省农民专业合作社信用互助业务试点管理暂行办法》，其中第一章第二条指出："本办法所称农民专业合作社信用互助，是指在符合条件的农民专业合作社内部，经依法取得试点资格，以服务合作社生产流通为目的，由本社社员相互之间进行互助性信用合作的行为。"第三条提出农民专业合作社信用互助业务试点应当遵循以下原则：①坚持服务"三农"的本质要求，着力解决农民生产经营活动中"小额、分散"的资金需求，促进农业农村经济发展。②坚持社员制、封闭性原则，不吸储放贷，不支付固定回报，不对外投资，不以营利为目的。③坚持社员自愿，互助合作，风险自担。④坚持立足农村社区，社员管理，民主决策，公开透明。⑤坚持独立核算，规范运营，遵纪守法，诚实守信。

从当前我国农村合作经济组织的发展现状来看，不仅全国农民合作社呈现蓬勃发展态势，而且由农业农村部等相关部门推动并依托合作社而建立的农民资金互助社总体发展也较快，合作社内部开展信用合作在全国范围内如雨后春笋般涌现，遍地开花，呈现"数量多、形式多样、涉及范围广"的特点，这为我们重点发展以合作组织为基础的农村合作金融提供了坚实的载体支撑。从目前我国各省合作社开展信用合作的实践以及对国内外文献研究的结果来看，合作社内部信用合作业务主要是以社员内部资金互助的形式开展业务，所以本书采用合作社内部资金互助这一表述。"合作社内部资金互助"是指经合作社全体成员（代表）大会通过，合作社内部部分或者全部成员，按照民主管理、自我服务、互惠互利的合作制原则和合作经济制度的基本框架，在成员相互信任的基础上共同出资，满足出资成员小额资金借贷需求的互助性金融活动和行为。

可以说，是合作社在带动社员开展生产、农技、运销、消费等方面的合作以外，再创建一个为社员提供方便、快捷的融资平台的信用合作，缓解社员因扩大生产、季节性生产所遇到的融资问题（何琼，2013）。这类资金互助业务建立在合作社社员"风险共担、利益共享"的基础上，又以同一社区范围内合作社社员在长期共同生产、生活中建立起来的"熟人社会"关系网络为联结机制，具有相互信任、联合担保的特征，属于合作金融的范畴。基于合作制原则的这一类金融组织，强调农户为主体地位，农户既是消费者也是合作金融的所有者，角色的统一性有利于降低交易成本，成员建立的共同联系、组织规模适度缓解了信息不对称问题，组织以满足成员金融需求而不是谋求最大收益作为发展目标，使金融服务价格保持在农户可负担的水平上。因此，相对于强制性制度变迁背景下的自上而下由政府组建的外生性金融机构，合作社内部资金互助自下而上、产生于资金需求者农户的身边，在解决农户融资问题上具有明显的天然优势，属于顺应农村经济发展需要的内生性“成员主导型合作金融组织”的创新模式，能为“三农”提供最直接、最基础的金融服务，是正规金融服务体系的有益补充，能更好地满足农民金融需求，促进我国农业农村经济发展。

2.1.3 合作社内资金互助与农村合作金融概念辨析

农村合作金融是我国建立农村金融体系中重要的一种金融组织，合作金融组织经营以最大限度为社员提供便利和优惠为目的，与以追求利润最大化为目的的商业金融机构具有本质差异。除了与商业金融相同的一般性金融功能之外，合作金融具有特殊的互助性功能，这也是其最主要、最突出的功能，正是这一特殊功能，决定了其在经济和金融发展中存在的必要性（苏彤，2009）。

建立在合作社成员基础上的资金互助、信用合作，是一种内生于农村、内生于合作社、内生于农村经济过程的金融活动与金融行为，是合作社和社员等“弱势群体”在扩大再生产过程中遇到外源性融资困难无法解决情况下的一种自发制度创新。合作社内社员农户间凭借“关系型”信用，不需要担保和抵押，基于合作社平台，以互助性、自愿性为基本原则，在社员农户间调剂资金余缺，符合合作金融的基本属性和基本原则。所以，可以认为合作社内部资金互助模式属于农村合作金融的范畴，但两者并不能等同，两者在概念界定上既存在联系，又有一定的区别。

两者的联系表现在：①合作社内部资金互助是出现在我国现阶段农村金融改革的一种探索与创新，作为合作金融的一种模式，合作社资金互助，也可以说是在农村正规金融供给不足的约束情况下，农户实现金融自治的选择，是一种非正规金融行为，在我国，还没有纳入政府有关金融监管的范畴，要区别于之前出现的正规合作金融机构如农村信用合作社、农民合作基金会及信用合作银行等。②坚持合作制原则，合作社资金互助是在国际合作社原则的基础上，在合作社内部，社员农户自愿出资参与，这与农村合作金融组织的基本原则是一致的。③合作社内部资金互助可以视为农村合作金融的初级阶段，较高级的阶段就是信用合作银行等形式。

两者的区别表现在：①组织起源不同，农村合作金融由具有共同金融需求的农民或经济主体联合发展而来，并没有要求必须在合作社内部开展金融业务，而合作社内部资金互助明确了金融业务开展的范围及服务的对象，仅局限于合作社内部。②业务内容不同，主要金融服务中的借贷关系内涵不同，当前国内外的农村合作金融更多的是一种正规金融机构，即以资金借贷为主，而合作社资金互助产生的借贷关系，可以是资金借贷，也可以是商品、服务等多种形式，更多地表现为生产资料与服务的赊销等与该合作社产业相关的信用业务。③组织性质不同，合作社内部资金互助不是专业的金融机构，它不是银行，也不是正规的合作金融机构，不可以经营存贷款业务，这是与国内外信用合作银行不同的地方。

由此，我们可以总结，合作社内部开展资金互助是我国在农村信用合作社支农效果不佳、合作化改革失败的情况下，对农村合作金融的创新与探索；由于历史教训的存在，同时基于当前农户融资难、融资贵的现况，资金互助还只在合作社内部进行小范围的试点探索，以积累成功经验，推广全国。所以，合作社内部资金互助符合合作金融的基本特征与基本原则，但就目前发展阶段而言，也不全是农村合作金融，它更兼具了在农村进行信用体系建设、合作思想教育等其他“附带”功能。

2.2 理论基础

2.2.1 制度变迁理论

制度变迁（Institutional Change）是指新制度结构产生、替代或改变旧制度结构的动态演变过程。制度变迁理论是新制度经济学的基本理论之一，美国著名经济学家道格拉斯·C. 诺思（Douglass C North）是这方面研究的代表人物。诺思研究了制度因素在经济增长中的重要作用，并提出诺思模型。诺思模型是研究制度创新和制度变迁的代表性理论模型。诺思认为，制度变迁是制度不均衡时追求潜在利润，沿着“均衡—非均衡—均衡”的自发交替演变过程。潜在利润是现有制度条件下无法提供的利润，也是制度变迁的动力，通过创新制度安排能够使潜在于现存制度安排结构外部的利润显露并内部化于新的制度安排结构中，实现利益最大化，达到制度均衡的状态。制度均衡是指在既定的制度安排下，已经获取了各种要素资源所产生的所有潜在收入的全部增量；或者潜在利润存在下，改变现有制度安排的预期成本超过潜在利润的情况，即处于帕累托最优的制度状态。制度非均衡是指人们对现存制度的一种不满足或不满意，意欲改变而又尚未改变的状态。由于环境因素的不断变化，制度均衡总是处于“瞬时”，制度非均衡则是“常态”，因此，总是处于非均衡向均衡状态的转化过程中。

从制度变迁的主体和诱因来看，制度变迁方式分为强制性制度变迁和诱致性制度变迁。强制性制度变迁由政府命令、法律引入等外部主体主导推行，是自上而下的变迁，其影响因素包括外部主体意愿、利益等方面，主要满足外部主体的偏好，极有可能偏离内部主体的利益和发展目标。诱致性制度变迁则是从经济体系内部主体的需要出发衍生出来的，来自于地方政府和微观主体对潜在利益的追求，充分反映了经济主体偏好和利益，是由众多单位和个人在响应由制度不均衡引致的获利机会时，自发倡导、组织和相互谈判、实现利益均衡的结果（林毅夫，1989），即自下而上的变迁。这种制度变迁更加稳定、更富有效率，能够有效地将潜在的经济利润转化为现实的经济利润。

合作社内部开展资金互助的新型合作金融模式，正是促进我国农村金融从外生成长向内生成长转变的一种制度安排，遵循了农村经济发展的需要和农村金融发展的规律，可以促使外生条件下被抑制却内含于农村金融的潜在利润显现和对经济社会正效应的外溢，是一种具有正外部效应、可持续的制度变迁。合作社资金互助的产生克服了农村金融市场的缺陷，是为应对农村金融有效供给不足而自发产生，旨在改变原有资金流动格局，促进农村经济发展，属于诱致性制度变迁的过程。从制度变迁理论分析，合作社资金互助的发展将是一个长期而渐进的过程，降低这个变迁过程中的改革成本，有利于增加社会福利。

2.2.2　农户分化理论

自改革开放以来，我国农村农业在快速发展、农民增收的同时，工商资本大量入侵，原本具有同质性的农村社会群体在职业、收入和消费结构等多方面呈现出鲜明的分化和差异性特征（陆学艺，2006）。20 世纪 80 年代，农民和农户分化现象引起了学者们的重视，在分化后农民的分类、分化成因与演化逻辑、分化的影响及其价值判断等方面取得了较为丰硕的研究成果，逐渐形成了关于农民和农户分化的理论。

我国学者陆学艺、张厚义（1989，1990）最先认识到这一现象，以职业作为主体将农村居民描述为农业劳动者、农民工、个体劳动者、个体工商户以及私营企业主等不同职业的阶层分化，提出农民群体分化理论。20 世纪 90 年代以后，中国农村劳动力大量流出，非农就业和农民劳动的兼业性以及家庭内部分工的社会外化性等问题使得农户分层产生新的变化，单纯地从职业差异的角度描述农户分层的理论受到挑战。在此基础上，毛丹（2003）提出以农户拥有社会资源的差异性研究农户的分层更具有包容性和适用性；万能、原新（2009）提出，国家对农村非农产业发展、农村劳动力向城镇流转的支持与鼓励等系列政策的制定和实施，推动了农民群体的分化，并提出从不同农户资源占用上的差别是现代社会分层的基础，在以往中国农民阶层分化理论中却被忽视，所以特认为农民分化的理解应该包含不同阶层农民资源禀赋情况的分析。

农户的分化是一个渐变的过程，已成为了不可逆转的趋势，随着我国农村改革的深入，其分化的广度和深度必将进一步拓展，对我国农村经济社会发展产生了广泛影响，推动了农村社会结构的分层和农村经济发展模式的多元化，农户拥有的资源禀赋差异性也随着社会结构的分层和农户分化逐渐加深，对农村生产经营模式和合作组织产生了重要的影响。作为农业生产经营者以及农业生产经营服务的提供者自愿联合组成的经济组织，合作社的发展也受到了农户分化的影响，其中，合作社社员的异质化就是其主要表现。

在市场经济环境中，随着农业一体化、专业化和市场化改革的进一步深入，农业生产经营者共同组建而成的合作社，社员结构呈现异质化也是必然趋势。社员异质化对合作社的发展影响深远，它在为合作社注入新鲜血液、带来发展活力的同时，也对合作社原有的制度安排提出了新的要求，因此，合作社社员的异质化问题值得进行深入研究。

2.2.3 委托代理理论

1932 年，美国经济学家伯利（Adolf Berle）和米恩斯（Gardiner Means）在《现代公司和私人财产》提出代理问题概念，后经过詹森（Jensen）、麦克林（Meekling）、莫里斯（Mirrlees）、霍尔姆斯特朗（Holmstrom）、格罗斯曼（Grossman）和哈特（Hart）等多位经济学家的补充和完善，最终形成了委托代理理论（Principal - agent Theory），并被广泛应用于研究公司内部治理问题。委托代理理论认为，企业中委托代理关系源于所有权与控制权的分离，在委托代理关系下可能引发进一步的委托代理问题，而代理理论的出现，就是为解决企业存在的委托代理问题。委托代理关系在社会生活中普遍存在，而委托代理理论在对组织和社会现象进行解释时，显示出了一定的优越性，因此，委托代理理论的应用范围十分广泛，已经成为公司治理逻辑的起点。

信息不对称是委托代理理论研究的一个重要前提假设，信息不对称使委托人无法准确掌握代理人的行动，也难以准确判断代理人的努力程度，从而使得代理人的决策可能与使委托人福利最大化的决策不完全一致，代理问题由此产生。委托代理理论的核心问题，就是在信息不对称的情况下，如何设计一套有效的激励与约束机制，以促使代理人做出对委托人最有利的行为，规避代理中的逆向选择和道德风险，从而降低代理成本，提高组织运行效率。

委托代理关系在农民专业合作社中普遍存在。早期传统的合作社规模很小，且社员高度同质时，比较容易实现合作社事务的共同参与和共同管理，此时，合作社所有者与经营者是统一的，一般不存在代理问题。但随着合作社规模的扩大以及农户的分层、分化加剧，达成一致决策的难度变大，要通过选取代理人在授权范围内代表全体成员行使权力，合作社的委托代理关系随之产生。特别地，我国以少数人控制为特征的合作社表现出双重委托代理关系的特征，一方面，表现为合作社与社员之间的委托代理关系，此时，合作社全体社员是委托人，经营者（主要是理事会或经理层）是代理人，当委托人和代理人的目标函数不一致，且存在信息不对称时，就会产生委托代理问题。那么必然会产生委托代理成本，从而对合作社控制和合作社治理提出了要求。另一方面，随着合作社成员异质性程度的提高，核心社员与普通中小社员之间的委托代理关系也变得明显而清晰。此时，合作社极有可能被少数核心社员控制，核心社员可能采取机会主义行为，利用手中的实际控制权侵害普通中小社员的利益与合作社整体价值。

2.2.4 社会资本理论

1986年，思想大师布迪厄（Bourdieu）率先提出社会资本理论，该理论最先应用于社会学领域，因为社会资本理论的有效性以及可测性，吸引不同领域的学者基于社会资本理论视角，进行广泛的实证研究。近年来，国内学者就社会资本理论对中国现实问题进行了深入的研究，此外，社会资本概念与关系概念有一定的重合性，尤其是我国转型社会、关系型社会的特殊性，该理论对我国政治体制改革以及相应经济发展问题具有很高的解释力。

社会资本与经济资本、人力资本类似，将社会结构转为一种资本，资本属性作为一种投入要素能够有效融入经济学分析框架。社会资本功能是通过社会结构实现的，中国社会结构以家庭为单位，通过血缘、地缘、业缘等方式实现有效结合，社会结构通过社会群体凝聚力的提高，通过互惠的实现，各种规范的制定，增加社会群体的信任，社会资本借助信任、规范、互惠，利用以血缘、地缘为基础形成的关系网络，降低群体组织中个体博弈冲突，减少冲突带来的资源浪费，从而高效、低成本、可持续地实现利益相关者的合作问题，有效缓解个人理性与社会理性的两难困境，对中国经济社会的发展产生了极大的作用。

在我国农村地区，社会资本的经济作用更为显著。我国农村是乡土社会，主要以村落为单位聚集，农民世代定居于同一片土地，人际关系相对封闭稳定，且具有“圈层结构”特点，表现为以个人为中心，根据血缘关系、人际交往的亲疏像水纹一样层层推开排列，关系越紧密的越接近中心，即费孝通先生提出的“差序格局”。尽管目前我国农村社会的流动性已大大增强，但家庭“圈层结构”并未发生质的改变和突破，人们自发地进入这一“熟人社会”的圈层结构，并依靠它传递、交换信息，获得及时的帮助和稳定的保障。在该社会结构中，基于人情法则的农村金融活动是近乎无限次的重复博弈，一次违约可能导致后续金融需求难以满足，且存在惩罚的扩大效应，即乡土社会网络中存在天然的“声誉约束机制”发挥作用，对不当行为采取社会控制和制裁，结果就是处于“圈层结构”中的人们不会轻易违约，农村民间金融的运作风险可以得到控制。

因此，内生于农村社会结构的合作社内部资金互助组织，由于圈层结构中“熟人社会”的关系网络的存在，有效地破解了农户的信用困境，局部真实信息以很低的成本，在较为稳定的人际关系网络中得到传递，有效地克服了信息不对称；可以说，农村社会资本为农村民间金融提供了一种激励和约束机制；农户之间资金互助不需要复杂的审批手续和借款流程，用“信任抵押品”代替了物质抵押品，为内生金融成长创造了良好的制度环境，可以使农户的金融服务需求在一定程度上得到满足。

2.2.5 集体行动理论

集体行动理论由奥尔森（Olson，1971）提出，其关注的问题为传统经济学忽略的非市场决策问题即公共品提供的问题，该研究属于公共选择理论，以理性人假设为基础，使经济学方法论不仅仅能解释市场问题，奥尔森在其著作《集体行动的逻辑》中对集体行动理论进行了详细的阐述，指出集体行动的困境及其困境的破解。他认为，当个体理性选择与集体理性选择有差异时，集体行动将陷入困境。后来，他也提出“大集体”中存在“小集体”，小集体中单个成员为集体利益采取的行动，获得的收益会大于付出的成本，小集体有效性能破解集体行动的困境，称为“小集体”有效性理论。

传统经典理论如“不可能性定理”、“囚徒困境”、“搭便车”理论以及“公共地悲剧”等都解释并论证了集体行动失败的原因，但这些理论都是以参与主体具有同质性的假设为前提条件，忽略了现实生活中个体间因禀赋差异对其经济行为及决策的影响。在一个集体或组织内，单个人都是通过成本收益计算追求收益最大化而做出行为选择，但是个体行为最大化的选择不一定是确保集体行动的利益最大化的结果。一个集体或组织存在的目的是为了增进成员共同利益，但是任何一个组织形式都不是由同一、均质的“原子”构成的，组织内部显然也拥有不同于组织共同利益的纯粹个人利益。所以，奥尔森认为小集体容易联合起来采取有效行动，提升组织收益，而大集体成员容易产生“搭便车”行为，效率更低。在小集体中，由于成员数目少，单个成员可以得到集体总收益的相当大的份额，这样集体成员就有激励自发、自利的选择提供公共物品。

新古典经济学理论中以理性人为假设，提出公共品因为具有外部性，社会成员作为理性人选择追逐效用最大化，不会参与公共品供给，从而“搭便车”现象发生，导致无人愿意提供公共品，从而出现个人理性与社会困境的不一致，即出现市场失灵。那么从这个层面来看，合作社依托国家的低息贷款和补贴资金等优惠政策开展资金互助业务，这些附带优惠政策的互助资金本质上也是一种公共物品，理论上会出现社员不愿供给，利率定价存在困难等难题。但是，从奥尔森“小集体”有效性理论分析，当小集体中成员有差异且存在核心主导成员时，集体行动更有效率，大集体中的主要核心成员提供公共物品的组织成本小、人均收益高，只要获得的收益大于付出的成本，他们都有激励提供公共物品。

第3章　合作社内资金互助的发展背景和运行现况

3.1　合作社内资金互助的发展背景

3.1.1　合作社内开展资金互助的现实需求

中国社会科学院于2016年8月18日公布的《中国“三农”互联网金融发展报告》显示，自2014年以来我国农村资金缺口已超过3万亿元，到2020年，我国新农村建设新增资金的需求总量为15万亿元（李明贤、刘娟，2011）。党的十九大又提出实施乡村振兴战略，坚持农业农村优先发展，提出产业兴旺、农民要过上富裕生活，需要更多的资金。而现实中，虽然我国农村金融体系由商业性银行、政策性银行、合作金融组织以及非正规金融组织构成，但基本形成商业性银行“不为”、政策性银行“不足”、邮储银行“分流”、农信社“脱农”的尴尬局面。农村传统金融机构因为自身的“趋利性”与“三农”“弱质性”矛盾的存在而渐行渐远，作为农村金融的主力军，也倾向于农村龙头企业等优质客户，将小额信贷需求的农户拒之门外。事实上，农村信用合作社在成立后不久就演变成了国有银行的附属机构，尽管政府将其定义为合作金融组织，但实际上它主要服从政府需求、对上级负责，政府强制或动员农户入股的方式，违背了合作制组织中农户自愿入股原则，不是真正意义上的合作金融，且现在正在全面改制为农村商业银行，早已偏离合作金融目标，完全走上商业化道路，真正为“三农”领域提供金融服务的正规农村合作金融组织基本消失殆尽，形成供给约束型的农村金融市场，广大弱势小农户被排斥在正规金融机构门外，大量小额信贷需求得不到有效满足。

正规金融机构的产品和服务难以触及所有农户，农村金融市场供给与需求不匹配问题一直存在。合作社等经营主体对资金需求的增加与农村正规金融供给短缺的矛盾成为制约农村合作经济进一步发展壮大的现实障碍。农村金融资源“失血”严重，有效供给不足，在农村金融供给与需求不匹配的情况下，农村金融市场仅靠现存的政策性“输血”难以真正强身健体，如何形成一套健全完备的“造血”功能，是促进农村金融健康发展的首要问题。

如何促进农村金融持续健康发展，是我国现阶段面临的难题。农户融资可获得性、降低交易成本以及益贫性三大问题是我国甚至是所有发展中国家农村金融活动所需要解决的问题。第一，农户融资的可获得性问题。合作社快速发展的同时伴随着巨大资金缺口，社员无论是维持生产经营、扩大再生产，还是解决一些突发的生产生活开支都需要融资，他们能否及时、便捷地获得融资，对农村经济和农民生产生活至关重要，这也是农村金融活动中首要关注的问题。然而在全球范围内，这都是一个难以解决的问题。第二，农户融资的高交易成本问题。交易费用是信贷双方参与交易所需花费的成本和代价，由搜寻成本、谈判成本、监督与执行成本构成。农户分散及单个农户的贷款额度较小，加之农户对金融机构存在信息不对称，金融机构对农户信息收集成本、谈判成本、监督成本增加，导致农户单笔贷款成本高等问题。第三，农村金融组织的益贫性问题。小额信贷的“本性”是为穷人服务，农村经济生活中最需要解决融资约束问题的不是资产丰富的富人，而是那些处于生活底层的穷人，这也是发展中国家促进农村普惠金融发展的独特性。但是对于商业金融机构来说，为富人服务比为穷人服务更能节约交易成本，金融机构的趋利性使他们更加偏向满足富人的需求而忽视穷人的需求，出现“目标偏移”偏离普惠金融体系构建的初衷。2007 年，我国放宽了农村金融机构准入条件，由政府主导推动设立了一批正规的农村资金互助社，近年来，互助社不仅发展缓慢，而且作用甚微。当金融机构无法满足农户融资的这三大基本问题时，外部金融供给的缺失就成了难以避免的事实，为保证“三农”金融服务的有效供给，诱发新一轮的内生性农村金融合作组织创新迫在眉睫。

特别需要指出的是，2013 年的中央一号文件中，更具包容性地采用“农民合作社”取代“农民专业合作社”一词，去掉了“专业”二字。可见，合作社的多元化综合发展是顺应时势之举，已受到当局政府的鼓励与支持。就目前我国合作社发展现状而言，大部分合作社已逐步发展为包含产前、产中、产后的综合性合作经济组织，不仅向社员提供农产品运销服务，还向提供技术培训、生产资料统一购买、农产品统一初加工、深加工、土地合作经营以及相关产业水利基础设施共同建设等多功能服务扩展，合作社服务方式和功能的多元化发展也是融合全要素合作发展的过程，更是集合不同要素所有者的集合，为促进产业链的深化合作、鼓励社员生产发展都需要解决资金难题。有研究显示，我国经济发展水平较高的浙江省，还存在高达59.0%的合作社由于授信担保困难、手续繁复以及交易费用高等问题，被金融机构拒之门外（黄祖辉、俞宁，2010），更不用说经济落后地区或者贫困地区的合作社。合作社作为多数农户联合的经济组织融资尚且困难，更不用说单独的社员面对金融机构能获得便捷的融资。

在农村金融供给严重短缺的现实背景下，大量普通农户和合作社的资金需求得不到有效满足，那么如何缓解其社员生产性融资困境，在合作社内部社员之间开展资金互助的内源融资手段，成为缓解社员融资约束的新途径（程恩江、刘西川，2014）。合作社作为一类内生于农户生产经营活动需求的草根组织，吸收内部社员的闲散资金组建资金互助部，以合作社作为融资供给主体，对内部社员开展融资服务，准入门槛低、手续简便，能基本解决社员短、小、急、频的生产性贷款问题，满足农户融资的可获得性；依托合作社组织优势与制度优势，以某一地域范围内、从事相同或相似的农产品生产经营的社员为服务主体，利用社员之间血缘、亲缘、业缘等构建的关系网络的连接作用、信息更对称、贷款可追溯等独特优势，交易成本更低；提供资金互助服务的对象都是以合作社相同或相近农产品生产、加工、运销等经营活动为依托进行一些互助性融资交易活动，不以营利为目的，主要帮助社员解决生产性的融资难题，具有传统文化的益贫性质。所以，合作社内资金互助平台是内部融资需求所释放的内源动力与外部政策环境推动的有机结合的产物，以其独特优势更容易解决农户融资的可获得性、交易成本低以及益贫性三大基本问题，是我国未来农村合作金融发展的主要形式。

3.1.2 合作社内资金互助的发展历程

自19世纪中叶德国人雷发巽创建第一家农村合作金融组织以来，信用合作运动已经走过了160多年的历史，成为一些国家农村金融体系中重要的组成部分。我国农村合作金融事业萌发于1923年“中国华泽义赈救灾总会”在河北省香河县成立的第一家农村信用社。中华人民共和国成立后，中国曾以合作制为原则，建立了农村信用合作社，到21世纪，农村信用合作社经过了几个阶段的发展与沉浮，2003年开始步入农村信用合作社“去合作化”的商业化改革道路，彻底丧失了合作性质。从此，我国真正意义上的农村合作金融组织基本消失殆尽。目前的农村金融体系中，基本以形成的商业性金融为主体，政策性金融发展不足，合作性金融逐步消失。

针对农村地区金融机构网点覆盖率低、竞争不充分等问题，银监会于2006年12月20日发布了《关于调整放款农村地区银行业金融机构准入政策的若干意见》（以下简称《意见》），《意见》提出优先支持发展村镇银行、贷款公司和资金互助社三类新型农村金融机构，放宽农村地区银行业金融机构的准入条件，引导各类资本到农村地区投资设立新型农村金融机构，增加试点地区的金融服务供给主体、丰富金融服务种类。这一政策的提出标志着新一轮以增量为突破口的新型农村金融机构的探索与建立正式启动，这是国家第一次正式提出引导农户发展“资金互助组织”，也是第一次从政策上提出鼓励发展“农村资金互助社”。

2007年3月，我国第一家村级农民资金互助社在吉林省梨树县成立，此后，成千上万家、各种类型的资金互助社开始涌现，包括银监会批准在工商部门组建的资金互助社、民间自发组建未注册的资金互助社以及国务院扶贫办组建的扶贫资金互助社等多种形式。中国银监会2009年在新型农村金融机构总体工作安排中提出，计划到2011年新增农村金融机构数量1294家，其中，预计发放农村资金互助社金融牌照161家。自此，民间自发组建的各类资金互助社开始向千军万马“挤独木桥”的正规化努力。

然而，到2011年底，这类由政府主导、银监会正式批准挂牌称为“银行业金融机构”的资金互助社发展暴露出许多问题。农民资金互助社设立门槛高、管理限制严格、内部管理不善和经营规模过小等缺陷，满足社员贷款需求的能力不足，大多处于亏损状态，发展缓慢。在监管层面上，存在监管政策不匹配、缺位等现象，基本处于“民不告、官不究”的发展状态，一些经济发达的农村地区，如江苏省、河北省等地频频爆发以资金互助社名义进行非法集资、发放高利贷、互助资金被挪用等不法现象，导致农民入社的积极性不高。到2012年，银监会提出暂缓发放农民资金互助社金融牌照，截至2013年6月，全国获得金融牌照的正规农村资金互助社有49家，最终正常运营的只有48家，分布在16个省份。2015年，农村资金互助社改制为村镇银行，完全蜕变为商业银行，至此，由银监部门推动的农民资金互助社这一合作金融制度创新运行5年后就停止了。

然而，农民生产生活资金短缺、融资难、融资贵的问题已经成为制约我国农业农村经济发展的瓶颈。在这一现实背景下，作为发展最为快速、有效的农村新型经营主体的农民专业合作社产业扩张、升级与社员资金需求扩大的矛盾也迅速升级。在正规资金互助社发展迟缓的情况下，农户强烈的资金需求催生农村地区出现了大量未经银监会批准的资金互助社，它们或依托合作社，或由供销社领办，还有扶贫办和财政部门开展的贫困村资金互助以及完全由农户自发组织成立资金的互助社。其中依托合作社开展资金互助的组织形式发展最为迅速、规模最大，在农村金融市场发挥着巨大作用。

同时，为缓解农村资金短缺的困境，政府也积极出台了各项政策，转向积极引导、支持合作社内部发展资金互助信用合作事业。2008年10月，党的十七届三中全会第一次提出“允许有条件的农民专业合作社开展信用合作”，此后，全国各地农民专业合作社对内部开展信用合作开始跃跃欲试。2009年中央一号文件又提出“抓紧出台农民专业合作社开展信用合作的具体办法”，这两份文件标志着依托合作社产业合作开展信用合作的发展模式开始被纳入农村金融改革的范畴。2013年，党的十八届三中全会再次提出“允许合作社开展信用合作”，并删去了2009年中央一号文件中“有条件的”和“农民专业”两个限定词，加大了合作社开展信用合作的政策空间。2014年，中央一号文件进一步指出合作社内发展信用合作的具体细则和条件，第一次提到以“资金互助”方式开展信用合作，明确提出合作社是发展资金互助的组织基础。此后，全国范围内合作社内部开展资金互助业务如雨后春笋般涌现、遍地开花，其中，发展较好的“一省三县”山东省与河北省玉田县、安徽省金寨县、湖南省沅陵县被定为全国试点县市，涌现了许多合作社内开展资金互助业务的成功典型，如湖南省沅陵王家岭养鸡专业合作社、山东省昌乐县华安瓜菜合作社以及贵州省丹寨朵往颂农业专业合作社等，积累了许多经验，取得了一定的成绩。同时，不能忽视的一点是，由于监管主体缺失、监管职能不明，存在一些不法分子打着响应国家产业政策号召的旗帜，假借合作社壳子，存在进行非法集资、吸收公众存款、浑水摸鱼等不法行为的个案，如河北省邢台三地农民专业合作社的庞氏骗局、江苏省连云港银财农业经营信息专业合作社、徐州苏阳农村经济信息专业合作社等打着合作社的旗号以高额返利为诱饵，进行借旧还新、非法集资的活动。2014年，河北省立案侦办“农民专业合作社”非法吸储案件55起，同年，江苏省沭阳、邳州、连云港、徐州等地曝出多宗合作社集资案，涉案资金近2亿元，折射出了合作社管理制度以及农村合作金融的监管缺失。

依托合作社开展资金互助信用合作的新模式，是探索发展农村合作金融创新发展的重点工作，如何规范稳定发展成为我国新型农村合作金融未来发展的难点。针对这些发展困境，2015 年中央一号文件对合作社内资金互助业务开展的相关问题进行明确解答，并特别提出开展全国试点和地方监管等问题。2016 年中央一号文件再次强调建立合作社内资金互助的风险防范机制问题。随着现代化农业产业转型发展，目前我国合作社发展出现了新契机，合作社涉及的产业和服务领域开始走向多元化发展道路，农业生产要素也随着农民组织化程度的提高而加快流动与整合，合作社从单一要素合作向“全要素合作”的发展模式转变，从单一生产模式向一二三产业融合发展转变，逐步成为生产领域和服务领域相互交融、多元发展的综合性合作社。针对这一发展现实，2017 年中央一号文件中提出发展生产、供销、信用“三位一体”的综合合作社。从近几年我国以及同属东亚地区的日本、韩国和中国台湾等地农民合作社的发展实践来看，其合作社的发展方向都是集生产、运销与信用合作为一体的多元综合性农村合作经济组织。合作社通过资金互助将农户组织起来更好地发展生产，当信用合作等金融活动深深嵌入农户社会活动和产业发展中时，利用农村社区自履约约束机制，能更好地发挥金融服务农村经济和社会的功能。

3.1.3 合作社内开展资金互助的政策梳理

中央对合作社内开展资金互助信用合作的政策思路是相当明确的，坚持以农民专业合作社为载体，在基层实践基础上不断完善、加强监管的同时，践行“生产经营合作 + 信用合作”的经营模式。早在 2006 年，习近平总书记在浙江就提出了农民专业合作社、供销合作、信用合作的课题，后来也多次强调建立和发展“三位一体”的农村合作经济组织，是农村合作经济创新发展之路，也是推动我国现代化农业发展的重要举措。我国自 2007 年 7 月 1 日颁布了《农民专业合作社法》之后，每年政府政策指导规划中，都明确提出鼓励合作社开展内部信用合作、资金互助业务，缓解社员融资约束，助力产业发展。中央的一系列政策措施，为我国探索发展新型农村合作金融指明了方向。表 3－1 梳理了自 2007 年《合作社法》实施以来，我国关于支持、鼓励合作社内部开展资金互助等信用合作内容的相关政策文件。

表 3-1 关于合作社内开展资金互助的政策梳理

年份	政策规定	关于合作社内资金互助的政策内容
2008	党的十七届三中全会	允许农村小型金融组织从金融机构融入资金，允许有条件的农民专业合作社发展信用合作
2009	新型农村金融机构 2009～2011 年总体工作安排	支持在经营规模大、服务能力强、带动农户多、运营管理好、信用记录良的农民专业合作社基础上组建农村资金互助社
2009	中央一号文件	抓紧出台农民专业合作社开展信用合作的具体办法
2010	中央一号文件	支持有条件的合作社兴办农村资金互助社，以进一步夯实农业农村发展基础
2012	国务院关于加快推进农业科技创新持续增强农产品供给保障能力的若干意见	有序发展农村资金互助组织，引导农民专业合作社规范开展信用合作；继续发展农户小额信贷业务，加大对种养大户、农民专业合作社、限于小型微型企业的信贷投放力度
2012	全国现代农业发展规划（2011～2015 年）	鼓励农民专业合作社开展信用合作，在自愿的基础上组建联合社，提高生产经营和市场开拓能力
2012	全国农村经济发展“十二五”规划	拓展农民专业合作社服务领域，完善合作社服务功能，支持有条件的专业合作社开展信用合作、土地流转等合作
2013	农业部办公厅关于农村经营管理工作要点	在信用评定基础上对示范社开展联合授信，引导各地合作社规范开展信用合作
2013	党的十八届三中全会	鼓励发展农村合作经济，扶持发展规模化、专业化、现代化经营，允许合作社开展信用合作，建立新型农村合作金融组织
2014	中央一号文件	在管理民主、运行规范、带动力强的农民合作社和供销合作社基础上，培育发展农村合作金融，不断丰富农村地区金融机构类型。坚持社员制、封闭性原则，在不对外吸储放贷、不支付固定回报的前提下，推动社区性农村资金互助组织发展
2014	社会信用体系建设规划纲要（2014～2020 年）	合作社开展信用合作必须经有关部门批准，坚持……原则，严禁对外吸储放贷，严禁高息揽储；单独核算，建立健全内部管理制度；落实监管责任，加强风险防控；对涉嫌非法集资的，依法处理
2015	中央一号文件	积极探索新型农村合作金融发展的有效途径，稳妥开展农民合作社内部资金互助试点，落实地方政府监管责任

续表

年份	政策规定	关于合作社内资金互助的政策内容
2015	农业部办公厅关于农村经营管理工作要点	加强监督管理与风险防控；重点围绕粮食、蔬菜、水果、畜禽等产业，选择一批管理民主、运行规范、带动力强的合作社，坚持……原则，开展合作社内部信用合作试点，为发展新型农村合作金融探索路子、积累经验
2015	关于推进农村一二三产业融合发展的指导意见	坚持社员制、封闭制、民主管理原则，发展新型农村合作金融，稳妥开展农民合作社内部资金互助试点
2016	中央一号文件	扩大在农民合作社内部开展信用合作试点的范围，健全风险防范化解机制，落实地方政府监管责任
2017	中央一号文件	开展农民合作社内部信用合作试点，鼓励发展农业互助保险。加强农民合作社规范化建设，积极发展生产、供销、信用“三位一体”的综合合作社

3.2 合作社内资金互助的发展现状及主要模式

3.2.1 合作社内资金互助发展规模

《农民专业合作社法》的颁布有力推动了合作社的发展，合作社涉及的产业领域不断扩宽，合作内容不断拓展，全国各地合作社的数量也呈井喷式增长（见图3-1）。2000年，我国第一家合作社在吉林省梨树县诞生，到2007年，全国合作社数量为2.65万家，再到2017底，全国范围内合作社数量超过199.9万家，是2007年《农民专业合作社法》颁布实施初期的76倍，现实有入社农户超过1亿户，约占全国农户总数的46.8%，合作社社员农户的收入比非社员农户高20%以上，合作社已成为我国重要的新型农业经营主体和现代农业建设的中坚力量。合作社内开展资金互助业务是合作社自发行为，有些在工商、民政部门登记，有些在农业部门登记，也有的在金融办登记注册，缺乏统一管理，各地政府也难以掌握地方的具体数据。但与其他金融机构相比，其发展日渐活跃，涉及范围广、数量多，发展也最为复杂。目前能搜集到的几组数据有：

第一组，2010 年，由中国人民银行牵头的实地调研和全国摸底数据表明，全国 30 个省份各类农村信用合作组织大约有 5.6 万家，发起资金共计 352.47 亿元，可贷资金规模达 706.34 亿元，贷款余额为 649.59 亿元，其中，依托合作社成立资金互助部开展资金互助业务的约 2.85 万家，占比超过全国的一半（汪小亚等，2016）。从各省的情况来看，截至 2010 年 3 月，山东省有近 1790 家合作社内开展了资金互助业务，参与社员超过 15.9 万户，互助资金总额达 32.1 亿元，在全国最为活跃。

第二组，据当时农业部农村经济体制与经营管理司的调查统计，2014 年 3 月底，全国开展信用合作的合作社有 2159 家，合作社成员 52.6 万人，其中参与信用合作的成员 19.9 万人，累计筹资 39.9 亿元，累计发放借款 42.4 亿元。截至 2015 年 10 月底，全国合作社的数量已达 147.9 万家，其中，各级示范性合作社数量已超过 13.5 万户，示范性合作社在开展生产合作的同时基本都开展资金互助业务。

第三组，根据汪小亚《新型农村合作金融组织案例研究》一书对农村合作金融组织规模的描述，估计全国合作社中至少有 10% 在生产合作的同时开展内部资金互助业务。按照这个估计，2017 年底 199.9 万家合作社中至少有 19.99 万家合作社在内部开展资金互助。这里对全国范围内依托合作社开展资金互助做一个保守估计（见图 3－1），其发展规模随着合作社数量的增多而扩大，估计从 2007 年的 0.265 万家增长到目前的 19.99 万家，因资金互助是在合作社内部封闭开展的业务，实际上的数量可能更多、范围更广。

3.2.2 合作社内资金互助的组织形式

依托合作社开展资金互助业务在组织形式上分为两类，第一类是不单独成立资金互助社，也不设独立法人。在合作社内建立隶属合作社内的“资金互助部”，不以营利为目的，机构设置非常简单，基本沿用合作社原本的机构设置和组织结构框架，保持社员（代表）大会为最高权力机构。第二类是依托农民专业合作社单独成立农民资金互助社，有独立法人资格，是由银监会批准、农业部门推动在生产合作社基础上形成较正规、章程制度较健全的农村资金互助社。因其是独立的金融机构，其机构设置相对较为复杂，设有社员（代表）大会、理事会、监事会及经理、财务部门和信贷部门，如表 3－2 所示。

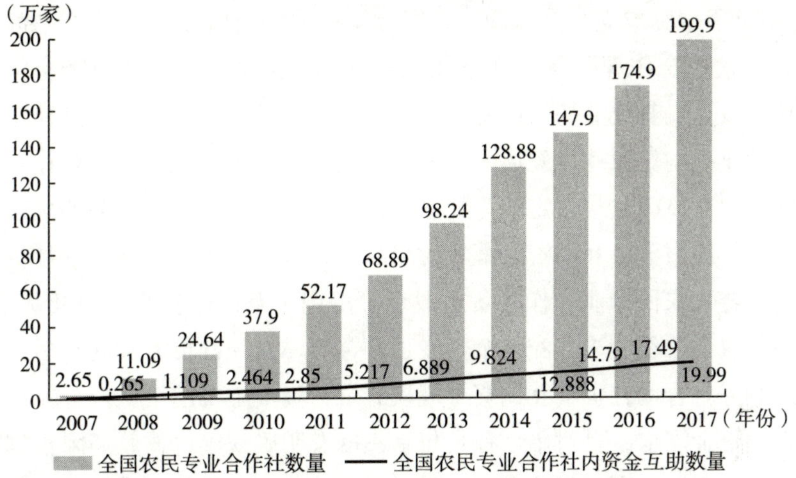

图3-1 全国农民专业合作社内资金互助发展规模

资料来源：关于合作社数量的数据来自国家工商总局办公厅统计处于各相应年度发布的《全国市场主体发展总体情况报告》；关于合作社内资金互助规模的数据来自汪小亚的《新型农村合作金融组织案例研究》。

表3-2 合作社内开展资金互助的组织形式

资金互助两种类型	机构设置	组织构成及功能定位
合作社内部资金互助部（信用合作部）	社员（代表）大会	由全体社员或者社员代表组成，社员代表由全体社员选举产生，为最高权力机构
	理事会	由社员担任，社员代表大会选举产生；是合作社各部门的执行机构
	监事会	由社员担任，社员代表大会选举产生；是合作社开展各业务的监督机构
依托合作社成立的农民资金互助社	社员（代表）大会	由全体社员或者社员代表从农户社员、合作社社员及企业社员等中选举产生，为最高权力机构
	理事会	社员（代表）大会选举产生；是资金互助社的执行机构；理事长由理事会选举产生
	监事会	由社员（代表）大会在社员、投资人以及向本社提供社外融资服务的金融机构等利益相关主体中选举产生，是监督机构；监事长由监事会选举产生
	财会、信贷部门及相应岗位	主要由理事长担任农村资金互助社的经营管理工作，其他相应岗位（会计、出纳等）由专业人员担任

第一类是不单独成立资金互助社，在合作社内部吸收成员，成立“资金互助部”或者“信用合作部”等合作信用业务部门，资金互助部隶属于合作社，但经济上独立核算，其成立的目的主要是对内吸收成员的闲置资金调剂使用，支持合作社主营业务的健康持续发展。互助金调剂使用对象一般仅限于合作社中入股资金互助部的社员，并且规定只为社员提供与合作社主营业务相关的生产经营项目的担保性贷款服务。互助资金筹集对象封闭，来源包括符合条件的社员自愿承诺出借的资金和农民专业合作社货币股金等可用于互助的资金，包括货币股金、资本公积、盈余公积、未分配盈余、专项基金等，需经社员大会同意后方可用于资金互助业务。合作社资金互助资金规模有限，资金主要用于支持合作社生产经营的流动性资金需求，且对单个社员贷款额度有明确规定，放款期限根据社员经营产品的生产周期而定，贷款利率一般低于农信社同期贷款利率。不对社员以外的农户提供融资服务，封闭运行、小额投放，周期依据生产经营状况等特点不同于一般商业银行，能在最大程度上控制风险。“资金互助部”属于合作社的一个部门，资金互助与生产合作紧密结合，合作社依托社员同类或相似生产经营条件下形成的熟人社会关系网络，对社员信用、生产经营情况等信息比较了解，易于合作社资金互助部掌握社员借贷资金的使用情况，所以，可以简化贷款程序，降低贷款审查成本。合作社能根据社员的交易信息和数据对社员划分评级授信的等级，规定社员在授信额度内申请使用互助金，能最大程度降低信息不对称、控制监督成本和违约风险。此类合作金融模式依托社员生产合作，自下而上开展资金互助业务，能最大程度降低交易成本、信息不对称，产品也更贴近农户的现实需求，属于诱致性变迁的产物，因而，发展势头最为强劲，也是国家政策极力支持和扶持的农村合作金融创新模式，是本书的主要研究对象。

第二类是单独成立的、有银监会颁发金融牌照、具有独立法人的正规性新型农村合作金融机构——农民资金互助社。依托合作社成立的农民资金互助合作社是在家庭承包经营基础上，以某一家合作社或几家合作社为主体，吸纳社员加入资金互助合作社，并为社员提供资金融通服务的互助性金融组织。其通常由农村种养殖大户、农民专业合作社负责人、村组干部等在农村有声望的人发起，组成资金互助社的发起人或者管理人员，其他社员自愿缴纳股金后加入，享有存贷款服务以及参与监督、分享盈余等权利，是一种成员主导型金融组织（刘西川、陈立辉、杨奇明，2014）。这类组织具备基本的金融功能，不仅为一般农户提供生产性贷款，还包括生活性贷款，也为合作社社员和龙头企业提供融资服务，经营业务范围界定为办理社员存款、贷款和各类结算业务以及买卖政府债券和金融债券，承办各项代理业务等。农村资金互助社的贷款业务[①]限于社员，包括加入资金互助社的农民、农村小微企业，也包括各类合作社等，但是并没有限制贷款资金的用途，贷款额度和贷款期限也只要符合银监会规定的审慎要求即可[②]，可灵活调整，贷款利率在国家利率限制范围内也可自主确定。这一类资金互助社虽然依托合作社而建，但其因为是单独的法人机构，与合作社的生产经营管理实际上是分开的，没有实体经济活动的支撑，外援资金来源明显不足，农户加入资金互助社也多为贷款需求型，是典型的利益驱动者，这就导致农村资金互助社的资产负债情况严重偏离，加上设立条件苛刻、监管政策完全按照商业银行的监管办法，导致发展后劲不足，与第一类不单独成立资金互助社的发展模式相比，不具备发展优势，不作为本书的研究对象。

3.2.3 合作社内资金互助的主要模式

内生于合作社互助业务的合作金融组织，以合作社为母组织，以合作社收益、社员股金以及从金融机构获得的贷款为互助部的资金池，向与合作社有交易来往且向资金互助部入股的社员发放贷款。资金互助部作为合作社的自组织将合作社前期资金积累和社员入股作为互助金，互助金的管理又独立于合作社的资金，一般在当地银行开设专门账户，由合作社理事会成员或资金互助部管理人员等进行管理。资金互助部借贷程序依托合作社组织结构也相对简单：社员向合作社提出借款申请，资金互助部对借款申请进行审核，然后拟定借款合同、办理担保手续，由合作社理事会进行审批后，直接发放贷款。对内开展资金互助服务，提供低门槛、无须抵押、方便快捷的借贷服务，缓解社员季节性生产资金困难、小规模扩大再生产资金投入、遭遇自然灾害或者市场风险后的恢复生产等资金需求；对外连接金融机构，将社员个人信用捆绑为合作社与社员联保的集体信用，降低融资成本，合作社资金互助部发挥中介作用促进与金融机构的对接。农民专业合作社内资金互助业务开展主要分为以赊销为特征的商业信用和以货币借贷为

---

① 《农村资金互助社管理暂行规定》第四十二条：农村资金互助社资金主要用于发放社员贷款，满足社员贷款需求后确有富余可存放其他银行业金融机构，也可购买国债和金融债券。此外，农村资金互助社还可办理同业存款、代理业务和其他经银行监督管理机构批准的业务。

② 《农村资金互助社管理暂行规定》第四十七条：农村资金互助社对单一社员的贷款总额不得超过资本净额的15%；对单一农村小企业社员及其关联企业社员、单一农民社员及其在同一户口簿上的其他社员贷款总额不得超过资本净额的20%；对前十大户贷款总额不得超过资本净额的50%。

特征的货币信用两种基本模式，如图3－2所示。

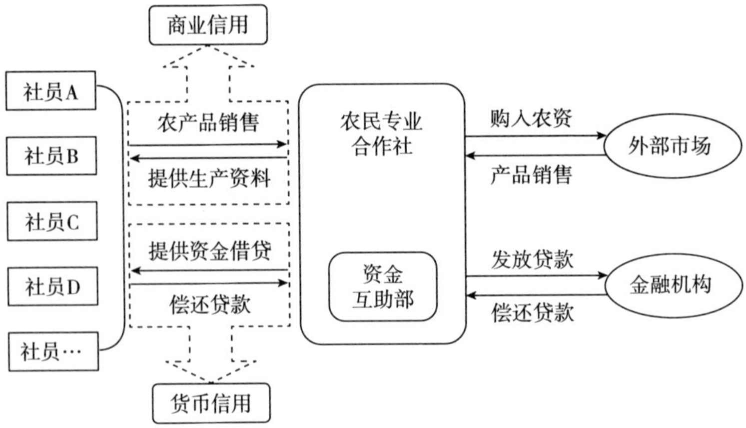

图3－2　农民专业合作社内资金互助模式

一是商业信用模式。商业信用以合作社内部赊销业务为主，包括社员与合作社交易的延期付款和提前赊购生产物资，在确定的期限内以产品出售额抵偿借款的信用模式。通过商业信用，建立一种在特定农产品生产、加工、销售基础上的跨期交易，不需要货币媒介，而是依托合作社内部同一产业链上社员的社会资本约束保障跨期交易的顺利实施。以商业信用赊购、赊销的互助模式是合作社以产业化的形式将社员联结为一个有机经济共同体面对外部市场，帮助社员获得生产经营所需投入品，并统一将社员生产的产品向外销售，通过规模经济或范围经济提高产品竞争能力和议价能力，降低社员的生产成本和交易成本。

二是货币信用模式。货币信用是合作社内部社员之间短期资金调剂的信用合作模式。合作社内部以货币信用为主的资金互助分为两个层面：第一个层面是合作社内部成员的融资，合作社通过成立“资金互助部”或者“信用合作部”在内部社员之间开展短期、小额的资金借贷活动。建立在合作社相对固定社会关系网络上对社员家庭经营情况和偿还能力等信息了解的基础上，在一定限额内，发放社员贷款。第二个层面是专业合作社社外的融资，主要是以合作社社员的联合担保向金融机构贷款，解决农户缺乏抵押担保被金融机构排斥的问题，通过建立联合担保机制获得金融机构贷款，扩大合作社资金互助部的资金池，更好地为社员提供融资服务，满足合作社季节性资金需求和解决社员临时生产生活资金短缺问题。

通过合作社内部商业信用和货币信用两种基本模式，提高了农户面对金融机构的议价能力，改变了单个农户面对金融机构时分散的金融需求局面和单位资金成本高的状况。合作社作为更加贴近农户需求的中介机构将分散化的农户重组、集合，构成有机的、具有实际金融需求的经济共同体，实现与金融机构的有效对话，增大农户获得金融服务的机会，有效缓解社员的融资约束问题，以此促进合作社的发展壮大和农户增收。

3.3 合作社内资金互助的发展优势和面临的挑战

3.3.1 合作社内资金互助的发展优势

在面对农村传统金融机构不能满足农村经济主体巨大的资金缺口时，农户自下而上、自发地组建内生于农村经济基础上的新型金融组织——依托合作社开展资金互助，属于诱致性制度变迁的产物，也是我国新型农村合作金融组织的雏形。合作社内资金互助信用合作以社员自愿性、封闭性、互助性为合作制的基本原则，聚集合作社社员的闲散金融资源、降低交易成本，具有信用与经济双重功能属性，是我国依托实体经济发展合作金融的成功典范，具有独特的优势。

3.3.1.1 内生发展模式，更贴近农户需求

随着农村市场经济的快速发展，以农信社为主的农村合作金融机构在商业化目标驱使下，不管是在金融服务供给方面还是在地理位置上都离农户越来越远，导致农户从正规金融机构获得融资供给十分有限。与商业金融机构不同，合作社的出现和发展推动了资金互助业务的产生，合作社是这类合作金融组织的母体，其进行的金融创新是完全顺应社员实际生产需求和资金流动状况的。合作社作为供给主体，提供的金融产品符合农户信贷需求单笔额度小、零散以及周期性、季节性的特点。依托相同或相似生产经营的社员中，通过提供统一赊销、延期付款等形式开展信贷业务，将农产品生产成果作为信贷抵押担保品，是一种最贴近农户、最贴近需求的金融机制，适合农村金融需求额度小、分散的要求，且能近距离提供服务的特点。通过生产合作带动信用合作，促进合作社内部资金的有效循

环和利用，再通过信用合作助力生产合作，两者相辅相成、紧密结合，因而具有更强生命力。从满足农村地区金融需求的角度来讲，合作社信用合作、资金互助的意义显著，具有广阔的发展前景。

3.3.1.2 以内部社员为服务对象，信息更对称

合作社内资金互助业务建立在某一社区范围内、以同一生产链条上“熟人社会”为成员基础，地域性特点保证了社员之间的地缘、血缘关系以及生产合作建立的业缘等关系，成员之间相互了解，与现代化商业银行相比，它具有更独特的信息优势、担保优势、交易成本优势，并能够充分利用本地知识（Local Knowledge），这也是互助组织具有顽强生命力的原因。农户从正规金融机构申请贷款时，由于缺乏银行认可的抵押物和担保品，一般需要提供更多的信息和证明材料，审核的周期也较长，因而交易费用更高，银行方因为信息不对称，监督成本也更高。然而，合作社是在同一产业链下“熟人社会”社员之间开展信用合作，参与资金互助的社员基本来源于同一或相邻村庄，合作社基本熟悉社员的信用状况、家庭经营状况以及资金使用状况，并将这些真实信息资源作为借贷交易的判断依据，能最大程度克服交易前期的信息不对称问题，节约交易成本和信息甄别成本；并且通过内生金融在农村特有的“关系型”熟人信用，充分利用农户社会信用的“声誉”约束机制和“社会惩罚”机制在约束贷款行为方面发挥重要作用，社员之间的“同伴监督”效应有效地内化或消除了“逆向选择”和“道德风险”的问题，提高了社员贷款的履约率。从这个角度来说，社员与合作社之间的信用合作是一种人格化的交易，同一关系网络上信用程度高的社员之间的联结是促进合作社向全要素合作发展的助推剂，这是其他金融机构所无法比拟的优势。

3.3.1.3 以互联性交易方式，降低违约风险

合作社发展信用合作是合作社向“全要素合作”发展的助推剂和黏合剂，合作社内部资金互助组织在向中低收入群体提供金融服务方面，一般要比商业金融组织更具优势，可以克服正规金融机构信贷博弈过程中难以克服的信息不对称问题，极大地消除了道德风险的不良影响，可以最大限度地减少不良资产的产生。通过生产环节生产资料的购买与农资营销结合起来，通过对社员提供资金、技术、生产资料购买、农产品销售等方式开展“互联性”交易，解决农民贷款难、融资贵以及“抱团”获得优惠价格等问题，不仅可以延伸合作社产前、产后服务链，加强产业链多个环节的融合，还有利于合作社内部协调使用资金、提

高农民的组织化程度。这里引入“互联性金融交易（Interlinkage）”理论，即指借贷交易双方同时也是土地租佃交易、劳动雇佣交易、商品买卖交易的主体（林展、陈志武，2015）。互联性金融交易利用坚实的微观基础，将合作社与农户结合在一起，形成一个双边依赖的整体，打通金融市场和其他要素、产品市场之间的联系，避免金融交易脱离实体经济而孤立无援，减少农户违约风险，让农户自我履约，从而保证农村金融市场的正常运作。合作社内开展资金互助将金融服务与土地租佃、生产资料购买、农产品销售结合在一起，就是互联性金融交易的一种形式。在信息不完善和某些市场缺失的情况下，生产、赊销与信用业务的结合能够提升合作效率，内化风险，并提升交易双方的福利水平（Bell，2005）。我国农业经济社会的发展也决定了互联性金融交易具有独特优势（王永钦、包特，2009），这也是我国一直以来鼓励合作社发展资金互助信用合作的重要原因。

3.3.2　合作社内资金互助面临的机遇

从内部治理层面来看，依托合作社产业发展开展内部资金互助，是“内生于民、互帮互助”的新型农村合作金融发展创新模式。在产业合作基础上开展资金互助，坚持“依托产业，服务产业”的基本原则，使两者的联合产生“1+1>2”的协同效应，符合学术界倡导的内生性合作金融发展模式。合作社依托产业合作开展内部资金互助，通过生产合作和信用合作的有机结合，实现合作社内部以赊销、赊购为主的商业信用和短期资金借贷的货币信用的紧密结合，在缓解农户生产经营过程中遇到的融资难题、发挥金融对生产发展的带动作用、促进合作社发展壮大和农民增收方面具有重要作用。农村资金互助合作社属于真正意义上的合作金融，从而显著区别于政府主导下农村信用社的虚拟合作模式（谢平，2001）。另外，为社员构建向外部金融机构融资的平台，提供方便、快捷的融资服务。合作社在开展资金互助业务过程中在信息收集、资信评估、信贷发放、贷后监督等方面具有信息对称的优势，交易成本更低，缓解农户资金需求，展现促进农村实体经济发展的功能。

从组织宏观发展来看，合作社内资金互助能填补农村商业性金融和政策性金融的不足，缓解农村地区的金融约束和信贷配给压力，实现了农业与金融、农业产业资本与农村金融资本的有机结合。在我国农业发展新阶段和新时期，技术、生产、运销、消费及加工领域的合作，已经有了较好的发展，但是，这些领域的合作，需要金融合作的支撑、资金互助与合作，是其他领域合作的继续和深化的保障。建立在合作社成员基础上的资金互助、信用合作，是一种内生性的、农民自我金融服务的机制，不以营利为目的，互帮互助的基本原则区别于其他银行机构追求投资收益回报最大化的本质表现，合作社内资金互助部联合内部社员遵循“风险共担，利益共享”原则，发挥“内联农户、外接市场”的优势，通过生产合作带动信用合作，信用合作反过来促进生产合作发展壮大，两者相互融合，相互促进，最终实现合作社生产、供销和信用“三位一体”发展与合作，真正体现了合作金融组织的性质与内涵，因而显示出旺盛的生命力，在农村金融体系中具有不可替代的作用。随着合作社发展规模的壮大和效益的提升，资金互助部的盈余能够支撑合作社其他业务的开展，最终可能发展成类似日本、韩国以及中国台湾农民合作组织的信贷部门，成为合作经济组织中最主要的盈利部门或机构。

从国家政策导向来看，地方政府的大力支持提供发展契机。也符合我国近年来政府积极推进农村合作金融改革的制度逻辑。合作社内资金互助作为中国农村合作金融发展的一种创新形式，其发展日益受到政府的重视和支持。“农户—合作社—资金互助”的内生发展模式能够实现生产与金融服务的有机结合，受政府政策的引导和农村商业银行的支持，是保持当前农民资金互助社可持续发展与合作金融属性不变、发展真正的合作金融的有益探索。自 2013 年党的十八届三中全会提出“允许合作社开展信用合作”，鼓励依托各类合作经济组织建立新型农村合作金融组织开始，2014～2017 年，连续 4 年中央一号文件都提出鼓励合作社内部开展资金互助，全国各县市的地方政府、农业部门和金融办都对合作社内部资金互助产生了很高的热情，地方政府将发展较好、带动力强的合作社作为推广经验，在全市、县范围内积极开展经验交流会，各地方政府也针对当地发展情况出台了一些鼓励合作社内资金互助发展的政策性文件，对合作社发展合作金融给予了财政方面的支持。

3.3.3 合作社内发展资金互助面临的挑战

合作社内部开展资金互助业务，虽填补了正规金融机构在农村金融供给方面的不足，解决了部分农民生产发展的资金短缺问题，但是目前合作社发展也面临新环境的变化和挑战。近年来，合作社内开展资金互助业务的数量持续增加，但发展成一定规模的却在少数，由于农村固有观念和社区内分层、分化现象，隐形地构筑了一种低收入者加入的壁垒。面对市场经济发展的环境变迁，合作社的发展壮大更多的是依赖整合不同资源禀赋，但具有共同利益取向的合作与汇集，一些资本实力雄厚的“农村精英”或者“农村企业家”也陆续加入合作社的现象普及，使单一、纯粹的合作制很容易演化为不稳定、复杂的混合型俱乐部，合作社内部社员呈现异质化结构也是应有之意（王军，2015）。

在社员异质性的内部环境下，合作社的所有者和惠顾者身份错开，很多普通农户社员只开展生产活动并不进行资金参与，还有部分资本雄厚的社员并不进行农业生产活动，只进行资本投资，还有少部分社员对合作社的管理拥有强大的控制权和决策权，这些内部环境变化使合作社经典的“一人一票”民主治理机制和按交易额分配盈余机制受到挑战，同时，社员资源禀赋不同，导致社员参加资金互助的目的、角色以及行为都具有差异，内部人控制、精英俘获等问题随之而来，社员的信用合作关系是否受到影响，合作社内资金互助在试点获得初步成功之后，如何保持均衡稳定的发展等问题，都是我国农村合作金融体系框架内需要考虑的问题，值得深入探讨和研究。

第4章　社员异质性内涵、形成原因及其定量测定

4.1　社员异质性内涵及表现特征

4.1.1　社员同质性内涵

同质性（Homogeneity），即均匀性、一致性。中华人民共和国成立后，中国社会面临两个基本任务：巩固国家政权和发展国民经济。在广大农村和农民普遍贫穷的背景下，我国进入计划经济体制的社会主义发展时期。具体表现为：第一，社会资源基本被国家垄断，国民生产、生活资料均由国家或单位、集体统一发放，广大农户的资源禀赋基本均同；第二，国家将政治与经济合二为一，虽具有很强的组织动员能力，但是组织类型和方式简单划一，农户的合作基本维持在僵硬、被动的阶段；第三，城乡分化、职业和阶层分化、贫富差距的分化都只限于城乡差异，在广大农村，农民在资源分配、身份等级、职业和阶层定位等方面基本同质。在这种社会背景下，农民合作经济组织的建立和发展主要在政府的推动下进行，但基本以互助组、生产合作社、信用合作社以及供销合作社等官方组织"一家独大"，各类草根组织基本不存在。中华人民共和国成立之后，早期的合作社是基于相同禀赋和目标的合作制原则，进行初级农产品的收集和粗加工，主要依靠社员惠顾扩大经营规模、获得经济收益，合作社对资金的需求力度小。农户加入合作社都是以惠顾者和所有者的身份从事生产与合作，基本很少有资本

投入获得收益的情况，都仅限于惠顾者单一角色参与合作，盈余分配主要以成员对合作社贡献大小按惠顾额或者交易额返还，此时合作社基本不存在产权问题，合作社社员构成基本是同质的、均一的，主要表现在以下几个层面：

第一，社员要素禀赋的同质性是合作的基础。农户的要素禀赋是指其所拥有的劳动力、土地等要素，这也是社员在农业生产过程中最基本的要素。农户是同类农产品的生产经营者或者同类农产品生产经营服务的提供者，投入品和产出品的同质性是社员以生产者和惠顾者联合为基础，也是促进社员产生认同的基础。农业劳动力的投入包括劳动力数量和质量，劳动力数量取决于社会因素和自然因素；劳动力质量取决于农业技术发展、农村教育的普及程度等因素，由于农户在要素禀赋方面具有同质性特征，其在经营能力、生产规模、生产条件、管理水平等方面都有很多相似之处，农户个体需求相似，成员之间便于沟通，有利于合作社的统一管理和运营。

第二，合作社经营品种的同质性，社员利益诉求具有趋同性。合作社生存和发展是基于社员对共同利益的追求。从农民专业合作社的定义看，对社员的界定是基于同类农产品生产经营或同类农业生产经营服务的提供或利用的人，社员在合作社既扮演惠顾者的身份，又是合作社的所有者和控制者，经营品种的同质性和参与角色的同质性导致利益诉求具有同质性特征，农户加入合作社的主要目的是借助合作社以优惠的价格购买生产资料和销售农产品，按惠顾额进行盈余分配的制度能兼顾公平与效率。

第三，合作社参与角色的同质性，形成信用共同体。社员“一人一票”治理机制是罗虚代尔原则之一。传统合作社理论认为“一人一票”民主管理机制是实现平等、导致公平的最主要的手段。为按惠顾额分配盈余方式和“一人一票”的民主管理模式提供了有利环境，成员地位平等，是分享合作社利益的主体，也是合作社的经营主体，社员之间彼此信任。入社目的和承担角色的同质性越高，成员之间的沟通和协作的效率也越高，高同质性的社员有利于形成利益共同体，交易过程中产生冲突的可能性就越小，那么社员之间达成有效集体行动的可能性更大。可见，社员同质性能有效降低交易成本，达成社员彼此信任的契约精神和合作精神，使传统合作社制度框架下的治理结构和治理机制相对简单。

传统农业表现的产业弱质性以及小农户分散经营、孤立的特点决定了农民在市场经济竞争中的劣势地位，而合作社作为弱者的横向联合，具有在市场上帮助农户实现价值、规避风险等优势开始受到关注。从组织制度和功能来看，传统合作社有自己的制度优势和组织优势，以同质性强的社员为服务对象开展业务活动，其经济功能相对单一、经营范围有限，主要以初级产品经营规模的扩大获得经济利益。在制度安排方面，内部治理机制相对简单，社员容易达成集体统一行为，合作社提供了更多公平的服务和收益。但是早期过于追究公平，强调不是资金的合作而是人的联合，限制单个社员的入股金额，管理上实行“一人一票”的民主决策，业务经营上局限于单一产品的初级加工经营等特征在一定程度上牺牲了合作社的效率。随着合作社规模的扩大，管理成本和激励的成本提高，一旦这种追求公平的代价造成的成本超过一定范围，成员的集体行动会越来越难以达成一致，“搭便车”、道德风险等机会主机行为随之产生，那么合作社功能的衰退最终导致其丧失存在的理由。

4.1.2 社员异质性内涵

4.1.2.1 社员异质性产生背景

我国早期建立的合作社，基本以遵循世界上通行的罗虚代尔原则为发展模式，以“一人一票”的民主决策制度、限制股金分红和按交易额分配盈余制度以及强调为社员服务的平等性和社员身份的同质性等为核心原则。随着世界经济的发展，各国经济、市场竞争和社会阶层的形态以及外部环境都发生了根本性的变化，传统合作社的原则已然不能适应当前合作社社员的新要求。我国合作社作为一种由外国引进的典型的“舶来品”，发展到一定阶段当然也随着产生变化，这是一种必然现象。

自改革开放以来，在我国现代农业快速发展、工商资本大量入侵的背景下，引发农村分化、农户分层，农户群体在职业、收入和消费结构上表现出了鲜明的分化和差异性特征（陆学艺，2006）。关于农村分化、农户分层的研究早在20世纪80年代就已引起学者们的重视，我国学者陆学艺和张厚义（1989，1990）最先提出农民群体分化理论，并以职业作为主体将农村居民描述为农业劳动者、农民工、个体劳动者、个体工商户以及私营企业主等不同职业的阶层分化。20世纪90年代以后，中国农村劳动力大量流出，非农就业和农民劳动的兼业性以及家庭内部分工的社会外化性等问题使得农户分层产生新的变化，单纯地以职业描述农户分层理论受到挑战。后来，毛丹（2003）提出以农户拥有社会资源的差异性研究农户分层更具包容性和适用性；万能、原新（2009）也认为不同农户资源占用上的差别是现代社会分层的基础，但在以往中国农民阶层分化理论中却被忽视，所以提出对农民分化的理解应该包含不同阶层农民资源禀赋情况的分析。农户分化是一个渐变的过程，农户拥有的资源禀赋呈现差异性也随着社会结构的分层和农户分化逐渐加深，对农村生产经营模式和组织产生重要的影响。

20世纪90年代以后，在我国市场经济体制下，农村社会发展和农村经济转型加快，农业商品化、专业化、社会化发展进一步提高，农村剩余劳动力大量转移，农业兼业化、副业化以及农户分化已是必然趋势。合作社是农业生产经营者自愿联合的经济组织，农户分化自然也影响了合作社社员的构成和基础，社员中包括从事农业生产的普通小农户和专业大户，从事农产品经销、贩运的兼业农户，也包括从事资本化经营的工商企业主等参与主体，一些非生产性的农民或工商企业主牵头创办合作社的情况也不少见，那么合作社社员呈现异质性特征也是必然趋势（潘劲，2011）。2015年农业部经管司数据显示，截至2014年底，由农村能人牵头领办的合作社103.5万家，占全国合作社总数的91.0%，其中，包括村组干部牵头领办的15.6万家，占比15.1%；由企业牵头的3.0万家，占比2.6%；由基层农技服务组织牵头的1.9万家，占比1.6%；其他主体牵头的5.4万家，占比4.8%。可见，我国农民专业合作社参与主体呈现多重性特征已是常态，合作社中既有担任管理者角色、惠顾者角色、投资者角色的社员，也有惠顾者与投资者、管理者与投资者等双重或三重角色的社员。这一阶段合作社已经演变成禀赋不完全相同，但具有共同利益取向的合作制，合作社的发展逐步趋向一种“全要素合作”的发展模式转变，劳动力、技术、信息、土地、资金以及企业家才能等要素均进入合作社，合作社对各类资源要素的依赖，一方面衬托了社员参与合作社的重要性，另一方面也推动了合作社的多元合作发展趋势。在这样的发展背景下，传统合作经济组织社员同质性的内部环境已经发生变革，社员表现异质性特征不是其在生产决策中的偶然现象，而更具有一般性和普遍性。

4.1.2.2 社员异质性表现特征

异质性（Heterogeneity），即不均匀性、不一致性。美国社会学家彼特·布劳（1991）在《不平等和异质性》一书中将异质性看作社会分化的形式之一，是指由某个特定类别参数表示的差异性以及这些参数之间的关系，如种族、宗教、性别、职业等参数的情况，异质性的扩散可以促进社会交流与整合。按照这个定义，农民专业合作社所有成员的差异性特征及其关系可称为社员异质性。以林坚和黄胜忠（2007）、黄胜忠和徐旭初（2008）等学者的研究为代表，认为社员异质性包括资源禀赋、参与目的、参与角色、利益诉求、风险承担能力以及对合作社的贡献等方面的差异。虽然学者们对社员异质性的参数研究的内容和侧重点不同，但具有内在一致性，社员参与目的、参与角色、利益诉求等方面的差异表现产生的根源基本受农户自身以及家庭的资源禀赋特征的影响。

一是不同农户的资源禀赋具有差异性。除了性别、年龄、受教育程度、生产规模、技术水平、社会关系等存在差异之外，随着合作社的发展壮大，也出现了社员经营产品和服务的差异性。市场经济发展背景下，工商资本进入农村，新一代农民专业合作社业务发展也不再像早期传统合作社局限于初级产品的加工和运销，而是拓展到多功能、多目标的综合性经营业务，以追求更高的投资回报。根据我国2017年12月27日通过的对《农民专业合作社法》的修订，取消了合作社定义中“同类农产品或者同类农业生产经营服务的提供者、利用者”中“同类”二字，此项修订扩大了合作社的服务类型，也承认了社员经营产品和提供服务的异质性。正如，当前我国出现很多专业大户、工商企业主、“农村精英”领头的合作社，拥有一定资本实力和经营管理能力的企业主联合专业大户、中小生产规模农户的合作社，在建立初期这些合作社成员的自身资源禀赋就呈现高度的差异性。

二是资源禀赋的差异导致其入社目的、参与角色、利益诉求、所承担的风险以及对合作社的贡献不同。这些差异性表现方式会集中体现在治理结构和盈余分配等方面。合作社中普通农户资源禀赋相对贫乏，加入合作社的目的是获得销售、运输、技术以及金融等服务，更多的是资金和服务的需求者，通常也不愿意或者没有能力参与合作社管理；而在合作社中先富裕起来的农户拥有更多的资本和经营管理实力，已经跻身为“农村精英”或者专业大户，他们参与合作社的目的除了享受一般服务以外，还为了获得经营管理权、农村社会的影响力和名誉，其利益诉求更加复杂和多元化。此时，这些社员中有参与生产的普通社员，也有不参与生产但有入股的社员，当合作社内部成员利益出现冲突与不一致时，传统合作社经典的民主治理机制、限制股金分红和按交易额分配的利润分配制度以及社员身份的同质性就会发生异化。

三是新型农民专业合作社逐渐向“全要素合作”的发展模式转变。面对经济社会环境的变迁和市场竞争的日益激烈，一些竞争力强的农民专业合作社出现了生产、供销合作以外的消费、技术、土地以及信用等合作相互交融、多元综合的合作趋势，这些合作社也会更多地依赖资金、企业家才能、信息、技术等稀缺要素资源的投入，更具包容性地招贤纳士，甚至通过一些激励手段和奖励措施吸纳各类不同层次或者不同农产品的生产经营者、投资者加入合作社。合作社也不再是传统的相同或相似产业生产经营者的集合，社员入社包含货币出资，也包含实物、知识产权、土地经营权以及林权等用作货币估价，并可以依法转让的非货币财产等其他多种作价出资方式，一些非生产者的纯投资者也被吸纳加入合作社，合作社社员成分多元化也是社员异质性程度加深的一种表现。

可见，社员异质性已经是目前我国合作社内部成员结构的一种发展趋势，甚至已成为合作社的现实环境，但这里所说的“分化”、“异质性”并不带感情色彩，或者说异质性并不是一个贬义或负面特征，而是一个中性词汇，是客观描述的一种现象（王曙光，2009）。具有异质性特征的农户联合起来组建合作社，通过合作社利用自身优势资源与他人互补与合作，实现自身经济利益和经济地位的提高（周娟，2017）。社员资源禀赋异质性导致合作社领导能力的差异，从而导致形成不同的分工和治理结构，这对合作社的运行和发展有一定的积极作用。合作社一些关键核心人物的业务水平、个人素质及个性都会对合作社的创建和服务功能的发挥产生影响（黄祖辉、徐旭初、冯冠胜，2002）。在合作社开展资金互助的融资过程中，具有优秀企业家才能的合作社领导人能够通过规章制度、业务运行方式与流程的设计和科学的经营管理等方法，降低合作社运营成本和建立融资服务风险化解机制，从而有利于合作社的资金互助功能的发挥。

4.2 社员异质性的形成原因

自中国加入WTO以来，众多小农户与大市场对接显得越发苍白无力，农业发展逐步转型，作为连接农户与市场的合作社应运而生。以浙江省发达地区为例，绝大多数合作社都是个别“农村精英”、专业大户以及工商企业主在这种制度变迁下为追逐更高的经济利益而生成的产物，社员初始产权资本化态势明显，少数拥有大额资本的社员与多数拥有小额资本的社员并存。农民高度分化、工商资本下乡的现实使合作社社员基本由纯农户、专业大户、经销、贩运的兼业农户，以及资本化经营的工商企业主等多种主体构成，社员的社会经济地位、技术水平、社会资本等资源禀赋和人口统计学特征差异性突出，呈现出较强的异质性。社员异质性已经引起了我国许多农民专业合作社研究者的重视，那么社员异质性结构是如何形成的及其形成原因有哪些？

4.2.1 市场经济发展的推动效应

农民分化是一个渐进的过程，关于农民分化的成因，李卓鹏（1999）认为，农民和农户的分化至少需要两个必要的前提：一是农村劳动者个人的独立和自由；二是市场经济的发展已经形成一定规模。改革开放以后，商品市场经济意识开始渗透到农村，农户逐步从“喂牛为种田，养猪为过年，养鸡为换盐”的自给自足经济模式向市场经济过渡转型。经济自由权利的获得和商品经济的发展让阶层、贫富差距不再是城乡差距特有现象，农村居民也开始出现贫富差距和阶层之分。此时，单纯的农业收益已不能满足农民生产、生活所需，农业生产技术水平的提高和基础设施的完善解放了一部分农村劳动力的双手，农村大量剩余劳动力从第一产业转移到第二产业和第三产业，市场经济思想开始被农民传颂，为农户群体分化奠定了基础。在开放经济背景下，随着农产品国际化流通市场的建立，农村“谷贱伤农”的现象屡见不鲜，农户又开始寻求生存拐杖，农村涌现大量非农就业者，农村开始出现分工、分化现象。

4.2.2 国家政策性支持的诱导效应

随着农村改革的深入发展，国家颁布和实施了一系列关于促进农村非农产业发展、农村劳动力向第二产业和第三产业流动的政策，推动了农民群体的分化。一方面，国家放松了对农户的户籍制度和土地流转的政策，鼓励转移，进城务工，给部分青壮年农户的“离乡、离土”外出务工提供了条件，城市第二产业和第三产业的快速发展，拓宽了农户的兼业选择和流动范围。与此同时，农村一些有知识、有能力等社会资本出众的“农村精英”在农业细分领域从事农产品深加工、种植、养殖等规模化经营，农村、农民内部开始出现分化与分层。另一方面，政府对合作社以及其内部发展资金互助的政策支持与鼓励导致社员结构出现进一步异化。受日本综合农协、欧美等发达国家合作经济组织成功经验的启迪，中国政府一直非常重视农民专业合作社这一新型农业经营主体的建构和发展。诸多优惠政策也接踵而来，出现了一些政策过度激励的情况，加上我国对于非正规农村合作金融组织法律制度方面的缺失，诱使一些社会组织或个人借机寻租，各种以谋取财政、税收、金融等政府扶持资金和优惠政策为目的组建资金互助组织的现象频现，部分社员投机取巧、入社动机扭曲，导致一些合作社和农村资金互助组织良莠不齐，广受诟病（李明贤、周蓉，2016）。

4.2.3　合作社内部要素的积累效应

新一代合作社在组建过程中更多的是依靠农村能人牵头组建，他们掌握了小农户缺乏的、市场竞争所需的各种稀缺资源，因而对合作社的贡献更大，也承担更多经营风险，这种制度安排自然决定了这一类优势成员拥有更多剩余收益控制权和管理上的决策权，而处于边缘地段的普通社员因为依赖合作社提供的统购统销、信贷、信息以及技术等优惠服务，以至于没有激励去参与合作社的管理和监督活动，从而合作社形成两类差异化的权力格局。在这种差异化格局背景下，合作社发起和营运过程中对能人优势要素资源的依赖，导致其很多服务或决策倾向维护这些能人的利益，决策安排上的民主控制走向大股东控制，那么合作社内部稀缺性优势要素自外围普通社员向核心地位的能人社员不断聚集，而要素收益自上向下不断剥离，这种差异化的利益分配格局造成新一轮的社员资源禀赋差异的格局。社员生产合作过程中，外围的普通社员主要依靠自有要素劳动力、土地和少量资金参与交易，而处于中心位置的能人社员一般聚集了资本资源、社会资本、企业家才能以及先进技术等多种稀缺要素参与交易，这类稀缺要素的收益率显然高于普通农户拥有要素的收益率，随着双方交易频数、交易范围的扩大，不同要素拥有者之间的收益差距也随之拉大，反过来又倒逼社员自有要素的优劣与数量，要素的积累效应导致社员的差异性程度不断加深。

4.3　社员异质性程度的定量测定方法

社员异质性问题是合作社理论研究中一个重要的研究领域（Levay，1983），我国学者对此也给予了相当的重视，现有研究基本都是采用定性的方法讨论社员异质性问题，对异质性采用定量分析进行实证测定的研究还很少见。为具体研究社员异质性视角下农民专业合作社内资金互助发展，首先需要探讨社员异质性是否实际存在及其差异性程度如何，本节选取一个典型合作社社员家庭为研究样本，采用计量分析方法测定了该合作社社员的异质性差异程度。

4.3.1 案例合作社的选取与基本情况简介

案例研究适合实践中涌现出来的新现象，是构建和检验理论的有效方法。罗伯特（2017）在《案例研究：设计与方法》一书中提出，个案研究的判定标准是典型性而非代表性，典型性不是要追求再现总体的特征，而是集中体现了某一类别的典型特征。个案研究的典型性要求主要体现为集中性、极端性和启示性。其中，集中性对应的普通现象的共性特征，选择个案要遵循集中性标准，即集中了某个现象类别主要对应的是特征与属性。极端性对应的是反常现象的共性标准，对应地选择个案要以最极端的个案为首选。启示性对应的是未知类型的共性，往往以富有启发意义为标准。

本书选择了全国金融改革试点县中的湖南省沅陵县王家岭养鸡专业合作社作为研究对象，主要有三个理由：其一，沅陵县是全国农村金融改革试点县也是国家级贫困县，王家岭合作社是湖南省首家依托合作社产业基础成功开展资金互助业务的省级优秀示范性合作社，受到更多的政策支持和政府关注，全湖南省农民专业合作社开展资金互助基本都是以此为样本建立，具有典型性。其二，该合作社由该村“农村精英”自发组建而成，并经历了组织生命历程的诞生、发展、成熟与异化等主要阶段，社员构成的差异性很大，能人领导效应对合作社的治理结构和经营管理发挥重要作用，满足本书设定的研究视角。其三，该合作社经过全国农村金融改革工作的指导和启发，其资金互助业务的开展虽取得阶段性的成绩，但是还在不断探索和发展中，其发展的未知性作为后续跟踪研究的对象，富有启发意义。

王家岭合作社成立于 2009 年 7 月，注册资金 950 万元，依托德国先进养殖蛋鸡技术以及本村信息、资源和市场优势，是一个集蛋鸡生产育雏、鸡蛋销售、有机肥加工、大棚蔬菜以及资金互助为一体的现代化新型农村合作经济组织。合作社设有理事会、监事会等管理监督部门，日常工作管理人员有 20 余人，现有社员 126 户、389 人，其中贫困农户 73 户、214 人。合作社总资产超过 2400 万元，建有现代化鸡苗育雏、恒温鸡舍等 3.7 万平方米，现已科学笼养蛋鸡 110 万羽，65 万羽在产蛋中，年产值达 5000 万元，合作社年纯利润 1800 余万元，社员户均收入近 30 万元。合作社采取“五统一分”，即统一育雏、统一供料、统一预防、统一销售、统一包装，分户饲养的生产经营方式。该社育种鸡苗品质优异，产蛋性能稳定，鸡蛋、鸡苗畅销怀化、吉首、衡阳、广州及贵州等地，并受到市场的广泛好评。2012 年被评为省级示范合作社，随着养殖户规模的进一步扩大，王家岭合作社创造了多个湖南省之最：日产蛋量 1600 箱，每箱 360 只，为全省之最；按市场批发价 175 元/箱计算，日产值 28 万元，除去每日饲养成本 140 元/箱，日获纯利润 5. 16 万元，年获纯利润 1800 万元，为全省最高；2011 年，合作社组织社员积极参股投入 200 万元修建了 4 栋现代化鸡苗育雏房，一次性（45 天）能育出鸡苗 12 万羽，为全省最大。为增强合作社自身“造血”功能，更好地助力产业发展，2014 年 9 月，经全国农村金融改革试点县沅陵县金融改革办批复，王家岭合作社成立湖南省首家依托专业合作社的农民资金互助部，向内部社员吸收股金、发放贷款，不对外开放信贷服务，主要帮助内部社员解决产业链过程中遇到的融资难题。截至 2017 年底，累计投放互助金 1050 万元，年均收益社员 63 户，为缓解社员生产性融资约束、带动合作社产业发展和壮大发挥了重要作用。

4. 3. 2 社员异质性的指标选取

社员资源禀赋是基于其家庭的基本条件和特征，主要从社员家庭的自然资源、人力资源、资本资源和社会资本四个方面来测量，具体分解为土地规模、文化程度、技术水平、入股份额、社会信任、关系网络六个方面的差异。

第一，自然资源，包括社员投入合作社生产和经营的土地规模。为了适应绿色发展的理念，王家岭合作社顺利推动产业链升级和运营模式创新，把养鸡专业合作社逐步打造成养殖、种植、有机肥循环利用的综合型合作经济组织。2015 年，合作社开始引进山东寿光的先进蔬菜种植技术，发展大棚蔬菜试验田，吸纳社员以土地入股加入合作社内资金互助部，先后投入 500 万元修建 100 亩恒温大棚蔬菜生产基地，高薪聘用山东寿光的技术员，经过近一年的摸索，2016 年已经开始承接农业的生产与销售订单。目前，大棚蔬菜的生产和经营是合作社除蛋鸡销售外第二大产业，所以土地成为普通农户加入合作社最主要的投入要素，土地规模的差异是反映社员异质性程度的重要因素之一。

第二，人力资源，合作社通过向社员提供不同的服务来提高社员生产产品的质量，其中技术援助和培训是最重要的服务（Bijman 和 Hu，2011）。王家岭合作社采用德国引进的全自动恒温喂养技术，有效地将分散的农户组织起来，并带动他们积极进行生产合作，并提供蛋鸡育雏、养殖培训和家禽疫病的预防、处理等技术，对养殖专业合作社的生产经营至关重要。普通农户一般不具备这种专业能力和职业素养，高学历的专业技术人才是合作社的稀缺资源，所以把社员的文化程度和技术水平作为人力资本差异的变量。对合作社的实地调研发现，养殖业主要是自动化喂养，大棚蔬菜种植与管理由合作社统一雇用劳动力，所以单个社员家庭劳动力数量投入的差异性不大，每一户社员家庭投入到合作社相关产业的劳动力数量基本维持在 1 ~2 人，所以这里人力资本指标中略去劳动力数量这一指标。

第三，资本资源，农户从正规金融机构贷款难、贷款贵的问题一直存在，农村金融供给与需求不平衡的矛盾是制约农村经济发展的障碍。相比早期的传统合作组织，社员资本匮乏具有普遍性，然而随着改革开放以来经济发展与社会转型，农村家庭贫富差距达到空前的高度。新型农民专业合作社在发起和运营过程中，对资本的需求是最强烈的，所以一些具有资金实力、掌握农产品销售渠道的工商企业主和具有一定生产规模的专业大户是合作社的稀缺要素，也只有这样的精英人物才有能力承担创办合作社的成本和风险。他们因资金资源优势在合作社占据重要位置，是合作社发起和运营的主导力量。他们以扩大资本入股份额作为“隧道”挖掘工具，占据更多产权份额而获取经济利益或者政治利益，甚至以绝对优势控制合作社业务发展的方向。所以，社员入股份额所决定的产权结构差异是导致治理机制异化的原因，也是社员呈现异质性结构的直接原因。

第四，社会资本，在农村社区经济发展与变迁的背景下，以社会资本为主的非正式制度的作用越来越受到关注。合作社的发起和成立离不开农村社会中具有威望的“农村精英”，对外需要他们与政府打交道、与市场沟通和对接，对内需要他们组织社员发展生产、协调合作社日常管理和运营等事务，具有良好的社会关系和信誉的领导班子是合作社的稀缺资源。相比普通社员农户，他们为合作社作出的贡献更大，也承担更多的风险，这种差异化社会资本的投入是导致社员分化的重要因素。以差异化社会信任和关系网络社会资本的投入，是导致农户分化的主要原因，所以，这里选取社会资本中社会信任和关系网络两个衡量指标。

其一是社会信任。社员社会信任指标的度量是困难的，这也是社会信任重要却很少进行实证研究的原因。但是基于本书研究对象和研究目标的特殊性，本书将合作社社员和社员所在的社区看作两个团体，采用“您是否信任合作社和理事长”、“合作社给您发放互助金的评级授信等级”以及“其他成员对该社员的信任程度”的平均值作为社员的社会信任水平的衡量指标。社员是否信任合作社和理事长表明社员对团体组织的认可程度，信任程度对社员参与行为、参与意愿均会产生影响；合作社根据每一个社员的家庭基本情况、交易情况以及信用状况等信息给社员评级授信，这是合作社对社员信用评价的客观体现；其他成员对该社员及其家庭的信任程度表明一个人的人际信用状况，这三个问题从社员本人、合作社以及其他社员三个角度综合测定了社员的社会信任水平。

其二是关系网络。国外文献一般使用家庭参加协会、社交活动的情况作为关系网络的衡量指标，显然这在中国农村并不适用。本书使用我国多数文献经常采用的办法“在金融部门或政府机构的亲戚朋友数量”、家庭支出中“红白喜事的礼金支出总额”以及“与亲朋好友的交往亲密程度或见面频次”作为社员关系网络的衡量指标。在问卷调查过程中，“与亲戚朋友的交往亲密程度和见面频次”这一项具有很大随意性，结果基本为“亲密、来往较多”，差异不大，所以剔除了这一指标。如果一个家庭在政府部门或金融机构工作的亲友越多，那么他获得的金融信息和金融服务的机会也越多，其社交关系越优，所以考虑“在金融部门或政府机构的亲戚朋友数量”这一指标；在农村“熟人社会”“关系型社会”差序格局的现实背景下，一个家庭的礼金支出是建立和维持“社会关系网络”的最直接的投资，同一社区生活环境下，更高的礼金支出代表该家庭的社会关系网络更广泛。社员异质性的衡量指标名称及含义解释如表 4－1 所示。

表 4－1　社员异质性衡量指标的选取与含义

变量		变量含义
自然资源	土地规模	经营土地的规模（亩）
人力资源	文化程度	主要劳动力的受教育年限（年）
	技术水平	从事种植、养殖行业的年限（年）
		有无培训他人的经验（有＝1；无＝0）
资本资源	入股份额	入股额度（万元）
社会资本	社会信任	是否信任合作社和社长
		评级授信等级
		他人的信任评价
	关系网络	在政府和金融机构工作的亲友数量
		红白喜事礼金支出

4.3.3 社员异质性程度的测定方法

赵凯（2012）第一个提出社员异质性程度的测定方法，他分别以某一合作社和三家合作社部分社员家庭为研究单位，利用社员家庭基本条件的差异程度测定了社员异质性，结果表明同一合作社内部和不同合作社之间均存在社员异质性结构，且异质性指数差异显著。利用赵凯的测定方法，并结合本书对社员异质性内涵的重新解读构建新的复合指标，即社员的投入要素、参与目的、参与角色、对合作社的贡献以及风险承担能力的差异，都归功于社员家庭基本条件的差异，实际上是由于社员要素资源禀赋的差异所致，所以本书中对社员异质性的测定，是以社员家庭为单位对各类投入要素的差异程度进行的数学计算，包括社员异质性平均指数、组合指数和综合指数。其中平均指数指社员异质性的平均水平，用社员投入要素的几何平均数表示；异质性组合指数是指单个社员投入要素的组合情况，用社员投入各类要素之间的离散程度表示，如果社员之间异质性平均指数相等，并不说明他们之间不存在差异性，因为每一种投入要素的表现力度有差异，所以还要考虑单个社员投入要素之间的组合情况，即组合指数的差异程度；社员异质性程度用综合指数表示，是指异质性程度的综合水平，用异质性程度的平均指数与组合指数的比值表示。

4.3.3.1 社员异质性程度的判断矩阵

假定合作社社员群体为 $\{i/i=1, 2, 3, \cdots, n\}$，X 表示社员投入合作社的资源要素的集合，j 表示社员投入要素的类型，X_{ij}表示合作社第 i 个社员的第 j 种要素禀赋特征，如（X_{11}，X_{12}，X_{13}，…，X_{1j}，…，X_{1n}）表示第 1 个社员投入合作社的资源要素组合，以此类推，第 i 个社员投入合作社的资源要素组合为（X_{i1}，X_{i2}，X_{i3}，…，X_{ij}，…，X_{im}），因此，代表合作社社员异质性程度变量组合构成的判断矩阵为：

$$M=\begin{bmatrix} X_{11} & X_{12} & \cdots & X_{1m} \\ X_{21} & \cdots & \cdots & X_{2m} \\ \vdots & \vdots & \vdots & \vdots \\ X_{n1} & \cdots & \cdots & X_{nm} \end{bmatrix} \tag{4-1}$$

4.3.3.2 标准化处理

由于社员所有投入要素的量纲不同，为了消除指标的量纲效应，使不同单位或量级的指标具有同等的表现力，再进行比较和加权，需要对这些指标作无量纲化处理，这里采用最经典的标准化处理方法 min - max 标准化（Min - max Normalization），也叫离差标准化：

$$X'_{ij}=\frac{X_{ij}-X_{min(ij)}}{X_{max(ij)}-X_{min(ij)}} \tag{4-2}$$

对式（4-2）中原始数据进行线性变换，统一映射到［0，1］区间上，其中 min 为样本数据的最小值，max 为样本数据的最大值。

4.3.3.3 社员异质性程度的平均指数 $\overline{X}'_{ij}$

社会统计学中，数值平均数包括算术平均数、调和平均数和几何平均数。相比算术平均数和调和平均数，几何平均数受极端值的影响较小，可反映出某些现象的一般水平，所以这里选择用几何平均数表示社员异质性程度的平均水平 $\overline{X}'_{ij}$。

$$\overline{X}'_{ij}=\sqrt[j]{X'_{i1}\cdot X'_{i2}\cdot \cdots \cdot X'_{ij}} \tag{4-3}$$

式（4-3）中的 $\overline{X}'_{ij}$ 值越大，社员 i 相比其他社员的异质性平均水平越高，表明社员 i 投入要素的平均水平越高；$\overline{X}'_{ij}$ 值越小，社员 i 相比其他社员的异质性平均水平越低，说明社员 i 投入要素的平均水平越低。

4.3.3.4 社员异质性程度的组合指数 S_i

当两个或两个以上社员之间异质性水平指数相同时，并不能说明他们之间不存在异质性，除了异质性程度平均水平的差异性，社员异质性还包括单个社员的投入要素的组合情况，用 $\overline{X}'_{ij}$ 的标准差即离散程度表示社员异质性的组合指数。

$$S_i=\sqrt{\frac{\sum_{j=1}^{m}(X'_{ij}-\overline{X}'_{ij})^2}{m}} \tag{4-4}$$

式（4-4）中的 S_i 为社员异质性组合指数，以标准差形式表示第 i 个社员 6 个指标所代表的资源禀赋的组合状况。S_i 越大，社员 i 的投入要素禀赋之间越不平整，表明单个社员投入要素之间的差异水平越大；S_i 越小，社员 i 的投入要素禀赋之间越平整，表明单个社员投入要素之间的差异水平越小。

4.3.3.5 社员异质性程度的综合指数 I_i

用 I_i 表示社员异质性程度的综合水平，衡量社员家庭基本条件及其投入合作社要素禀赋的差异程度，用社员异质性平均指数 $\overline{X}'_{ij}$ 与组合指数 S_i 的比值计算得出，该值既衡量了社员投入要素的整体平均水平，又考虑了各个投入要素之间的组合情况。

$$I_i = \frac{\overline{X}'_{ij}}{S_i} \tag{4-5}$$

式（4－5）中的 I_i 表示单个社员异质性综合指数，可以比较某一农民专业合作社内所有社员的异质性程度。I_i 越大，第 i 个社员的异质性水平越高，表明从合作社整体来说，社员 i 相比其他社员投入要素的差异性越大；I_i 越小，第 i 个社员的异质性水平越低，表明从合作社整体来说，社员 i 相比其他社员投入要素的差异性越小。

4.4 社员异质性程度测定结果分析

对社员资源禀赋异质性的指标构建中不包含社员家庭收入水平的内容，考虑到社员收入也是社员行为和利益诉求具有差异性的重要因素，属于社员异质性的范畴，但社员收入与人力资源、资本资源和社会资本存在相互影响的关系，因此，在收入异质性基础上，再测定社员资源禀赋的差异程度。本书利用课题组 2016 年和 2017 年两年寒暑假期间对湖南省沅陵王家岭合作社 126 户社员的跟踪调查数据，其中有 98 户社员向合作社资金互助部申请过互助金，根据两年数据的真实性和一致性，最终筛选出 63 户社员的调研数据，样本有效率为 64.3%。下文对这 63 户社员投入合作社的 6 种要素禀赋的变量作一个标准化处理及计算，分别得出合作社社员异质性的平均指数、组合指数和综合指数，如表 4－2 所示。

表 4－2　社员异质性的平均指数、组合指数和综合指数

序号	平均指数	组合指数	综合指数	序号	平均指数	组合指数	综合指数
1	0.5094	0.3263	1.5612	9	0.1442	0.2122	0.6795
2	0.0972	0.1569	0.6196	10	0.1583	0.2165	0.7313
3	0.0298	0.3931	0.0758	11	0.2438	0.2896	0.8418
4	0.3177	0.2211	1.4366	12	0.0849	0.1903	0.4460
5	0.1127	0.2643	0.4263	13	0.0115	0.2374	0.0484
6	0.0244	0.1392	0.1751	14	0.1375	0.1750	0.7853
7	0.2446	0.1762	1.3878	15	0.1619	0.3475	0.4658
8	0.0720	0.2363	0.3048	16	0.3984	0.2247	1.7729

续表

序号	平均指数	组合指数	综合指数	序号	平均指数	组合指数	综合指数
17	0.3297	0.2250	1.4650	41	0.0430	0.1745	0.2462
18	0.0932	0.2479	0.3760	42	0.6728	0.2927	2.2989
19	0.0638	0.1463	0.4360	43	0.0146	0.3002	0.0485
20	0.6815	0.2711	2.5143	44	0.2017	0.1926	1.0475
21	0.0681	0.2627	0.2593	45	0.3683	0.2320	1.5874
22	0.0408	0.0687	0.5942	46	0.0437	0.1898	0.2304
23	0.0818	0.2271	0.3602	47	0.5006	0.2007	2.4944
24	0.0158	0.1300	0.1213	48	0.3858	0.2689	1.4347
25	0.0908	0.3715	0.2445	49	0.0178	0.1649	0.1078
26	0.5547	0.3212	1.7269	50	0.2586	0.2929	0.8832
27	0.1137	0.4539	0.2505	51	0.0642	0.2821	0.2275
28	0.2466	0.1561	1.5792	52	0.4444	0.2401	1.8512
29	0.0138	0.1218	0.1133	53	0.5991	0.2269	2.6402
30	0.0119	0.1483	0.0803	54	0.1870	0.1821	1.0272
31	0.0757	0.2901	0.2611	55	0.1849	0.2208	0.8374
32	0.0186	0.1791	0.1041	56	0.0226	0.1193	0.1898
33	0.0456	0.1071	0.4259	57	0.0101	0.1210	0.0832
34	0.5845	0.1954	2.9916	58	0.2429	0.3269	0.7430
35	0.0306	0.1992	0.1537	59	0.1050	0.2984	0.3520
36	0.0186	0.1838	0.1014	60	0.1348	0.2460	0.5479
37	0.1307	0.2093	0.6245	61	0.2446	0.2087	1.1718
38	0.0380	0.1538	0.2469	62	0.2236	0.3359	0.6655
39	0.1789	0.1638	1.0925	63	0.1513	0.2104	0.7191
40	0.0743	0.2647	0.2805				

对社员异质性平均指数、组合指数和综合指数进行描述性分析，由表 4－3 的统计结果可以看出，合作社社员投入要素的差异程度是明显的。就社员异质性平均指数而言，其平均值为 0.182，标准差为 0.181，最大值为 0.682，最小值为 0.010，最大值是最小值的 68.2 倍，这说明该合作社社员家庭异质性平均水平差异程度较大；就组合指数来说，其平均值为 0.226，标准差为 0.074，最大值为 0.454，最小值为 0.069，最大值是最小值的 6.58 倍，这说明该合作社单个社员

家庭资源禀赋的组合差异程度较大；就综合指数来说，其平均值为0.787，标准差为0.731，最大值为2.992，最小值为0.048，最大值是最小值的62.33倍，整体上来说该合作社社员差异性程度指数大，且差异性显著。

表4-3　社员异质性程度的指数统计情况

社员异质性	平均指数	组合指数	综合指数
最大值	0.682	0.454	2.992
最小值	0.010	0.069	0.048
平均值	0.182	0.226	0.787
方差	0.032	0.005	0.533
标准差	0.181	0.074	0.731
样本量	63	63	63

4.4.1　社员异质性程度平均指数

社员之间各类要素分布有分层现象，但要测定合作社社员异质性的差异程度和具体分布情况，如图4-1、图4-2和图4-3所示。

平均指数表示社员异质性程度的平均水平，用几何平均数$\bar{X}_{ij}$表示，$\bar{X}_{ij}$值越大，表明该社员投入要素的差异程度的平均水平越高；$\bar{X}_{ij}$值越小，表明该社员投入要素的差异程度的平均水平越低。

图4-1为社员异质性程度平均指数分布图，图中有63个点，每个点依序表示合作社第1位到第63位社员投入合作社的土地规模、文化程度、技术水平、入股份额、社会信任以及关系网络六类资源禀赋在数值上的平均水平。如第20位社员投入要素的平均指数为0.68，是63个平均指数中的最大值，表明在该合作社中该社员投入要素禀赋的平均水平最高。第20位社员的身份是该合作社的理事长，作为合作社的核心人物，也是合作社第二大股东。他在合作社的发起、建立以及运营过程中投入的资源要素最多，当然承担的风险也最大。他是村支书和优秀党员，拥有优秀的社会资本要素，在合作社有10年以上的养殖经验，掌握先进的养殖技术并无偿提供给合作社社员，他投入合作社的要素禀赋平均水平最高符合现实情况。第57位社员的资源禀赋的平均指数为0.01，是该合作社中异质性程度平均指数最低的社员，异质性平均指数最高值是最低值的68倍，可

见该合作社社员资源禀赋平均水平的差异性非常显著。调研问卷显示，社员异质性指标中资金资本的差异是最显著的，其中最大股东的入股份额为 35 万元，而大多数普通社员没有资本入股，所以社员异质性程度平均指数的差异性明显。

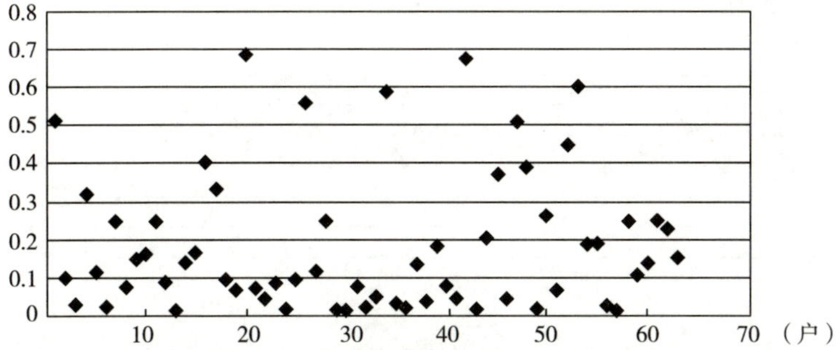

图 4 -1　社员异质性程度的平均指数分布

4.4.2　社员异质性程度组合指数

组合指数表示社员投入要素的组合情况，用社员投入要素的离散程度 S_i 表示社员异质性的组合指数。组合指数 S_i 越大，社员投入要素禀赋之间越不平整，表明单个社员投入要素之间的差异程度越大；组合指数 S_i 越小，社员投入要素禀赋之间越平整，表明单个社员投入要素之间的差异程度越小。

图 4 -2 是单个社员投入要素禀赋的组合指数 S_i 的分布图。图中有 63 个点，每个点依序表示合作社第 1 位到第 63 位社员投入到合作社的土地规模、文化程度、技术水平、入股份额、社会信任以及关系网络的组合情况。如第 27 位社员的投入要素的组合指数为 0.454，是 63 个组合指数中的最大值，表明该社员投入要素的组合情况最不平整，差异性最大。第 27 位社员是合作社副理事长，他在合作社主要负责大棚蔬菜种植的技术维护与管理，是合作社第二号关键人物。相比其他社员，他拥有的资源禀赋优越但是投入合作社的土地、技术、资金等要素的差异大，他是大棚蔬菜种植、管理的技术员且是合作社第一大股东，因为不是本村人，缺乏土地和社会关系网络等资源，所以计算出来的异质性组合指数为最大值。第 30 位社员的投入要素的组合指数为 0.069，该社员异质性组合指数最为平整，说明其投入要素之间的差异性最小。社员投入要素禀赋的组合指数最高值

是最低值的6.43倍，可见从单个社员投入要素角度来说，自然资源、人力资源、资金资源以及社会资本的组合也存在差异性。

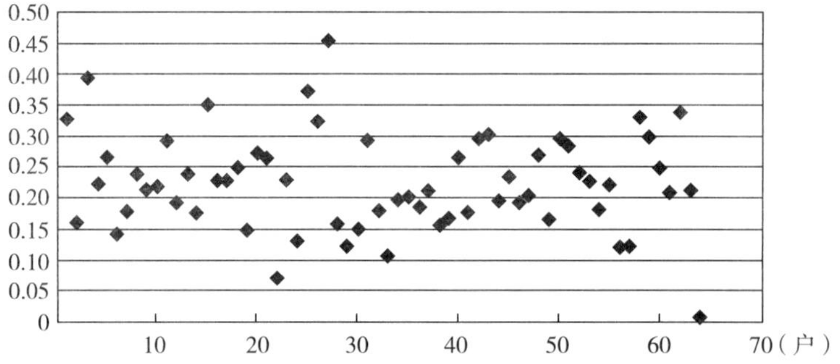

图4-2　社员异质性程度的组合指数分布

4.4.3　社员异质性程度综合指数

综合指数表示社员异质性程度的综合水平，衡量社员投入要素禀赋的总体差异程度，用社员异质性平均指数 $\overline{X}'_{ij}$ 与组合指数 S_i 的比值 I_i 计算得出，既能衡量社员投入要素的整体平均水平，又考虑了各个投入要素之间的组合情况。I_i 值越大，表明该社员投入要素的综合差异程度越高；I_i 值越小，表明该社员投入要素的综合差异程度越低。

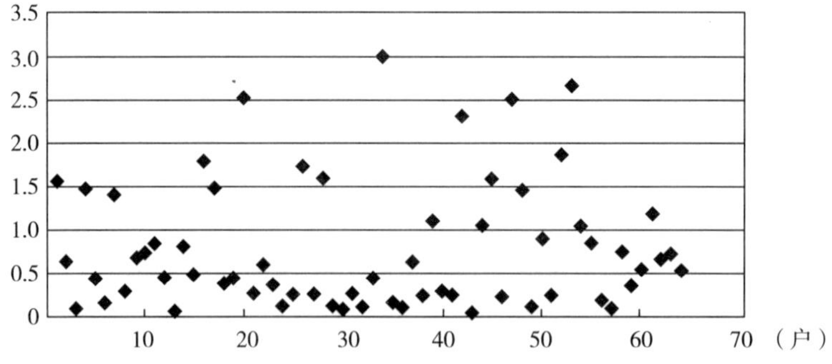

图4-3　社员异质性程度的综合指数分布

图4-3是社员异质性综合指数 I_i 的分布图。图中有63个点，每个点依序表

示合作社第1位到第63位社员投入合作社的土地规模、文化程度、技术水平、入股份额、社会信任以及关系网络的综合水平。从整体上来看，图中社员异质性综合指数的63个点完全呈离散分布状态，表明该合作社63位社员的资源禀赋差异性是显著存在的，为下文研究社员异质性对资金互助影响提供了研究基础。

4.5 本章小结

本章主要分析了社员异质性的内涵、形成原因，然后利用实证研究方法测定了样本合作社内社员的异质性程度。

首先，从合作社产生背景及其早期合作社原则出发，分析了合作社社员的同质性特征及表现。早期农民专业合作社以同质性的社员为服务对象开展业务活动，严格遵循“一人一票”的民主决策机制，内部治理结构和治理机制相对简单。其次，随着我国市场经济的快速发展，农村剩余劳动力大量转移，农村出现分工分化现象，导致农民专业合作社的内部成员出现异化。不仅表现为农户的资源禀赋具有差异性，社员经营产品和服务也呈现多元化，社员入社目的、参与角色、利益诉求等都具有差异性，社员异质性结构成为合作社内最主要的内部环境。最后，从外部环境的市场经济发展的推动效应、国家政策的推动效应以及内部环境的合作社自身发展对不同要素的积累效应三个方面解释了社员异质性的形成原因。

然后，以湖南省王家岭养鸡专业合作社内部126户社员为研究样本，以社员的自然资源、人力资源、资本资源以及社会资本四个方面的表现特征为基础，构建了一个包含土地规模、文化程度、技术水平、入股份额、社会信任以及关系网络六种投入要素的复合指标体系衡量社员异质性程度，用实证研究方法定量分析了社员异质性的差异程度。研究发现，在同一合作社内社员投入要素的分布具有差异性，且各成员之间的差异性程度不一致；为了进一步横向比较单个社员投入要素的综合差异程度，分别计算出每一位社员投入要素的平均指数、组合指数和综合指数，从三个角度综合衡量社员异质性的差异程度，结果发现该合作社自建立初始，以社员家庭为单位投入合作社的各类要素禀赋的数值与分布都存在显著的差异性。

第5章　异质性社员参与合作社内资金互助的博弈分析

1944年，冯·诺伊曼（Von Neumann）和奥·摩根斯顿（Morgenstem）在合作出版的《博弈论和经济行为》一书中提出博弈论概念，此后博弈论开始形成系统化的体系和方法。随后，20世纪50年代在经济领域得到发展。1950年，Tucker提出“囚徒困境”，即博弈方以自身利益最大化为目标，有时个体的利益与团体的利益不一致，而且可能是互相矛盾的，个体的利益增长给团体利益带来损失或者某一个体利益的增长给另一个体利益带来损失，造成双方最终选择的结果并非是集体利益最大化，双方选择的结果对于全局利益来讲并不是最佳选择。1953年，Shapely提出非合作博弈理论，随后著名的“纳什均衡”在非合作博弈理论基础上提出，但主要集中在静态博弈分析，直到20世纪70年代，纳什均衡引入动态分析、倒推分析等方法。20世纪80年代博弈论与其他学科的关系愈加密切，理论的框架日趋完善，博弈论开始建立起来并成为主流经济学领域的关键理论体系之一，成为一项重要的经济学分析方法和工具，各领域学者应用博弈论方法研究参与行动的个体差异对其经济行为和决策影响的成果开始日益丰富。

早期关于合作社的研究倾向于忽视合作社内部不同参与者之间存在利益差别。例如，在新古典经济学的文献中，成员资格被看作是同质性的。然而，农民在生产规模、资本集中度、市场需求和就业模式等方面的发展使得成员资格的异质性日益突出。这些变化对早期文献中暗含的假设“成员的偏好是一致的”带来挑战。偏好的差异性不仅存在于成员之间，理事会成员之间、成员与理事会之间的目标很可能也不相同，他们在行为决策上、利益追求上都存在差异性。以Staatz（1983）和Sexton（1986）的研究为代表，他们最早引入博弈论方法对合作社社员的差异性行为与决策进行研究，随着应用博弈论方法分析社员经济行为决策的研究逐渐增加。Bourgeon 和 Chambers（1999）采用两阶段博弈模型分析异质性社员定价行为，Zusman 和 Rausser（1992）采用非合作博弈理论方法分析"囚徒困境"及集体协作等问题。从21世纪开始，我国学者开始引进博弈论方法研究合作社理论，如从成员异质性的角度，运用合作博弈方法研究社员之间的合作动因（黄珺、朱国玮，2007）、合作利益分配（应瑞瑶等，2016）等内容。也有学者运用不完全信息博弈模型，研究合作社内部监督缺失问题（刘雨欣、李红、郭翔宇，2016），这些研究成果为本书研究合作社内资金互助行为提供了坚实的理论基础。本章在分析异质性社员参与主体及其行为差异的基础上分别构建合作社异质性社员参与资金互助的动态博弈模型和静态博弈模型，探讨异质性社员参与资金互助的可能性条件以及资金互助持续发展的稳定机制。

5.1 异质性社员成分构成

在合作社各类业务开展中，由于异质性社员参与生产合作、运销合作以及信用合作的目的、经济行为、利益诉求的差异，进而形成合作社内一系列内部博弈活动。合作社由传统同质性特征的小农户联合集体行动的有机体，已经逐渐过渡到不同要素拥有者、不同阶层的农户参与、非零和博弈的联盟。社员投入要素不同，导致其参与目的、参与行为、利益诉求、风险承担能力以及对合作社的贡献等都具有差异性，进而导致合作社的成员基础发生分化，形成拥有稀缺优势资源（如资金、企业家才能、社会资本等）的核心社员和拥有一般要素资源（如土地、劳动力等）的普通社员两类不同的参与主体。本书将参与农民专业合作社内资金互助的社员分为核心社员和普通社员两类，借鉴徐旭初、邵科（2014）的研究，根据社员参与角色及其行为特征的差异，将核心社员细分为内核社员和外核社员；将普通社员细分为股东社员和惠顾社员，如图5-1所示。

一是内核社员。合作社或资金互助部的理事长，属于合作社的灵魂人物，也是内部资金互助部的创始人。核心社员一般拥有较高的文化素养，社会资源丰富，创新意识强，受当地农户的支持和拥戴，在合作社中拥有投资者和管理者的双重身份。他们以农村"企业家"的身份作为合作社的"领头羊"和驱动者，不管是自身的资本实力、技术专长、企业家才能、创新精神、对市场敏锐的嗅觉等方面，还是外在的社会资本、社会网络资源等方面都优于普通农户。他们因为这些优势掌握了合作社内部治理的“民主原则”“收益分配”等制度安排，但同时也承担更多经营风险和组织成本（徐旭初、吴彬，2017）。

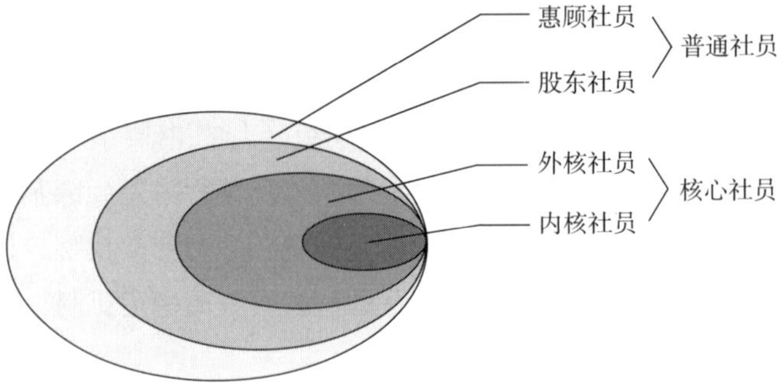

图5－1　异质性社员分布结构

二是外核社员。一般为理、监事会成员，具有管理者、投资者和惠顾者三重身份，生产规模较大，加入合作社是为了进一步扩大生产规模，享受合作社提供的劳动力、信息和金融等服务，以节省成本获得更多的经济利益。他们出售农产品给合作社的同时也参与合作社业务经营与管理，收入水平高于普通农户，参与合作社内部资金互助业务的积极性较高。

三是普通社员。合作社主要的惠顾者和所有者，包括股东社员和惠顾社员，普通社员在社员中人数最多、占比最大，是主要的成员群体，一般扮演选择策略性依附核心社员的角色。其以出售农产品、获得便利的金融服务等为目的加入合作社，在资金互助业务上属于小额生产性、生活性借款的潜在需求者。普通社员一般缺乏资金，以劳动力或土地要素入股资金互助社，相对股份较少，因为可选择的融资渠道有限，偿债能力较弱，但对合作社内部融资提供较为渴望。

从合作社发展现实来看，内核社员和外核社员构成了异质性社员中居于上层地位的核心社员，作为合作社创建的主要投资人和发起人，他们提供大额初始入股资本，为合作社的创建和运营承担更多成本和风险。除了获取自身稀缺的原材料、劳动力要素供给以外，他们也是高额的生产性借款、投资性借款的潜在需求者。参与资金互助业务更直接的目的是以较低的交易成本规避大额融资约束，大额的股金和存款不仅能帮助他们在生产周期的间隙获得闲置资金的剩余收益，也是他们向其他普通社员施加影响的砝码。一些出资大户和龙头企业主的经营战略和管理策略在很大程度上影响合作社的内部治理，依托合作社组建的资金互助部的“合作金融”属性可能会遭受扭曲和异化。

从合作社内部治理机制来看，合作社对大户和龙头企业的依赖也使得合作社治理机制偏离大多数社员的利益轨道，资金大户和龙头企业主的绝对控制权将削弱民主决策机制，降低合作社内部信用合作的互助效果。但是不论哪种农村能人领头的合作社，最终都会实现领办人和普通农户的帕累托最优。在核心社员掌握下的合作社，虽合作互助的经典原则在一定程度上会遭受扭曲和异化的风险，但是只要合作社始终贯彻入社自由、退社自由的基本原则，并且随着外部农产品市场、金融市场的竞争越来越激烈，区域自治、村庄自治的民主性发展越来越深入，只有尊重普通农户群体利益的合作组织才能在市场中屹立不倒，这也是巩固合作社成员基础的保证（苑鹏，2013）。

5.2　社员异质性下资金互助的运行机理

5.2.1　异质性社员参与资金互助的行为差异

治理问题在任何一个合作社制度安排中都是最为核心的问题，它决定了资金互助业务是否朝着使贫困群体受益的方向运营和发展。如何确保核心成员按照组织和全体社员的利益行事，防止其对普通成员的利益侵害就成为资金互助社的治理机制要解决的主要问题。以下从农民专业合作社社员的资本参与、业务参与和管理参与三个方面分析异质性社员参与资金互助的行为特征。

5.2.1.1　资本参与方面

产权安排作为合作社治理结构的基础。资源禀赋差异决定产权结构分配差异，产权结构也是影响农民专业合作社利益分配制度的重要原因。产权结构分布非均衡是异质性社员产权制度形式多样化的具体表现，合作社产权安排也不再拘泥于社员绝对平等出资和“一人一票”的民主治理机制。权利分配格局在不同要素所有者之间呈现差异化特征，拥有合作社稀缺要素的核心社员占据农民专业合作社大部分的剩余索取权和控制权，其外在体现就是核心社员拥有农民专业合作社的多数财产所有权。由于核心社员在集聚多种要素上具有优势地位以及能够避免委托代理中所产生的道德风险问题，所以倾向核心社员利益的所有权制度安排存在一定的合理性。核心社员为农民专业合作社的发展贡献了更多资源，包括可计量的货币资本和不可计量的人力资本和社会资本，他们在农民专业合作社产业链的扩展延伸以及资金互助业务开展中所做贡献最大。相比之下大多数只担任参与者角色的普通社员，仅投入了有限的人力资源和少量资金，在投入对比悬殊情况下，核心社员的利益需求大于普通社员的利益需求正是异质性社员下合作社产权安排变化提出的新要求。

5.2.1.2　业务参与方面

核心社员一般作为村里的生产大户将生产的农产品全部交售给农民专业合作社，同时积极参与经营管理，而普通社员经营管理能力相对欠缺，只能以生产者身份加入到农民专业合作社中，往往存在“机会主义”动机，生产的产品可能会部分出售给农民专业合作社以外的市场主体，以获得更多的收益。核心社员以拥有普通社员稀缺的关键性要素资本所有权为后盾，占据农民专业合作社的治理结构的主动权和决策权，合作社治理受到以稀缺要素所有者为主的“大户治理”“精英俘获”的挑战，与我国农民专业合作社发展现状中的“大户治理+资本控制”的治理机制不谋而合，偏离经典合作“一人一票、按惠顾额分配收益”的民主管理，向稀缺要素所有者倾斜的治理结构是尊重要素禀赋优势和要素贡献的一种制度安排，既保证了核心社员作为稀缺要素所有者参与资金互助业务的优势地位，提高了他们的积极性，也在一定程度上满足了普通社员对产品价格优惠、信息技术指导及金融服务等方面的需求，理论上这种追求效率的制度设计有利于使合作双方达到帕累托最优。但是如果这种倾斜超出一定范围，那么“大农吃小农”“普通社员被边缘化”等问题也会接踵而来，如何避免合作社出现核心社员控制、易贫性漂移等机会主义问题值得进一步探讨。

5.2.1.3　管理参与方面

社员异质性使得合作社的产权结构和控制权向部分有资金优势的核心社员倾斜，多数普通社员没有向合作社投资的激励。合作社为了降低初期发起和设立资金互助业务的组织成本、管理成本和交易成本，获取更多的显性收益，核心社员会意图采取规避合作金融的措施，在管理岗位上强化自己对资金互助的资金库的控制权和决策权；而处于外围的普通社员因为依赖能人经营，加上自身市场谈判能力有限，话语权被剥夺，以至于他们没有激励参与合作社的经营管理活动。另外，这些普通社员为了从合作社获得购买生产资料价格上的优惠、销售渠道的畅通和互助资金帮扶，他们也愿意让渡出部分管理权。因此，若无外力约束，以合作制为基础的农民专业合作社会逐渐演变成以大股东的意志为决策依据的股份制信贷机构，原本惠及普通社员的以合作制为原则的金融功能出现弱化趋势，出现作为惠顾群体的普通社员的“使命漂移”，这样必然会降低组织的凝聚力，脱离内部开展资金互助业务、促进社员产业发展的初衷。

5.2.2　社员异质性下合作社的内部治理机制

传统、经典的合作社社员同质性程度高，社员为了克服生产上、资源禀赋上、市场竞争上的弱质性而参与合作，入社目的、参与行为相对一致，忠诚和信任等社会机制的约束机制，为合作社的“一人一票”民主治理结构奠定了稳定的基础。而社员异质性条件下建立的资金互助部，核心成员与合作社或者资金互助部经营者之间的身份基本高度一致，合作社内资金互助业务开展所呈现的委托代理关系主要体现在普通成员与核心成员之间的关系。由于在社员异质性背景下，不同主体的入社动机、参与行为都发生了很大变化，“一人一票”单纯民主管理模式已完全不能兼顾不同层次社员的利益诉求，取而代之的是“比例投票”或“加权投票”法，即根据社员的惠顾额或社员股权大小确定差异化的票数，但是为了兼顾公平、保持合作制原则，异化的治理机制虽对单个成员的最高票数有所限制，核心社员对资金互助部的掌控和影响最终会使内部治理机制向某一些成员倾斜，但这种治理结构的转变并没有脱离其民主决策制度的初衷。

资金互助内嵌于合作社内部，资金互助业务的开展以社员生产合作为基础，在社员有生产性融资需求并向合作社提出融资申请时，合作社利用社员生产交易数据积累的免费信息，对社员的借款用途、信用等级、还款能力等做一个预判，再决定是否放款。在独具中国特色的“核心—外围”的社会圈层背景下，合作社内部社员也呈现“核心—外围”的社交格局，核心社员作为管理者对合作社内互助金的掌控带有一定主观性。当核心社员与普通社员的利益发生冲突时，特别是普通社员获得的实际利益不如他的期望值时，对出现生产不积极或者高风险借贷的行为倾斜，存在“搭便车”心理的情况下更是如此。在这种情况下，合作社内资金互助就会偏离合作制的初衷，合作社会偏向将资金更多地借给管理层和核心社员，资金的聚集效应所带来的高收益激励核心社员的生产积极性，导致资金要素更多地从下向上聚集的恶性循环，普通社员就会处于非常被动的地步，更难享受到资金互助服务，那么合作社金融功能的互助性就会受到限制，这是异质性合作社内开展资金互助业务需要考虑的问题。但是只要合作社的“合作制”的属性存在，合作社最高权力机关还是社员（代表）大会，社员享有合作社提供所有服务的参与权和监督权，那么在异质性社员“能人治理”的前提下，合作社牺牲一部分公平的代价也会带来社员自我收益的提高或组织效率的提升，也是一种帕累托改进。

5.2.3 社员异质性下合作社的利益分配制度

合作社“利益共享”机制是维持所有社员参与资金互助、保持融资积极性的根本保障，合作社“二次返利”的分配制度也是区别其他组织的固有属性。对于异质性社员的农民专业合作社，核心社员作为投资者和管理者，为合作社的发展投入了更多的稀缺要素资源，包括可计量的自然资源、资本资源以及人力资源，他们在合作社扮演重要角色，对合作社的贡献程度更大，当然承担的风险也更高。除此之外，核心社员投入的社会信任、威望、人际关系网络等社会资本不可计量，这种无形且不可计量的资源正是小农缺乏的、市场竞争所必需的稀缺性资源，对合作社在市场中竞争力的提升发挥至关重要的作用。那么如果忽视合作社成员既有惠顾者、投资者，也有同时具备双重身份的参与者的现实基础，按照原先限制股金分红和按交易额分配利润的制度安排——“一人一票的民主决策机制、剩余收益按交易量返还给社员”的规定，就显得捉襟见肘。

不同要素所有者参与合作，能够获得与要素相匹配的收益是合作社保持活力的根本，也是持续发展的内在动力机制。在异质性社员参与的合作社盈余制度安排中，核心社员对利益诉求与普通社员不同，他们不仅追求经济上的利益，还包括经营管理权、社会威望、社会地位等政治利益。普通社员因为自身资源禀赋没有优势，投入到合作社只有少量的自然资源土地和劳动力，成为一般惠顾者，加入合作社也只是为了获得运销和金融等服务，更多的是资金和服务的需求者，只要加入合作社后获得的经济利益多于加入合作社前，那么他们就有参与生产合作和资金合作的积极性，但是对于合作社日常决策和管理权的政治收益基本从无法获得转变为不感兴趣。核心社员的利益目标高于普通社员，表现为核心社员生产积极性、融资积极性都要高于普通社员，虽然追求共同利益是合作社存在的基础，但是合作社通过整合不同资源要素而获得发展与壮大，那么尊重核心社员稀缺资源的利益诉求，便是合作社一种合理的制度安排，实现对投入稀缺性要素的利益分配是维持合作组织持续健康发展的必然要求。

5.3 异质性社员参与资金互助的动态博弈模型分析

5.3.1 基本条件和模型假设

合作社内开展资金互助业务，内生于社员生产性融资需求，具有亲缘、地缘、业缘等独特的信息关联优势，社员对彼此之间的战略决策、收益函数等基本信息有所了解，特别是社员异质性情况下资金互助部的牵头人（核心社员）和普通社员之间博弈的行动有先后顺序，一方先行动，后方观察到先行动者的选择后再决定自己的行动，因此，构建一个完全且完美信息动态博弈模型来分析异质性社员参与资金互助行为。模型的参与人标准化为普通社员和核心社员两类，较强一方为核心社员，较弱一方为普通社员，他们的行为决策是较强的一方先选择，较弱的一方根据较强一方的行为决定自己的行为选择。模型假设如下：

假设一：合作社内资金互助业务参与人，分为核心社员与普通社员两类不同参与主体，在下述博弈扩展形中博弈方1代表普通社员（以下简称社员1），博弈方2代表核心社员（以下简称社员2）。核心社员一般兼任资金互助社的理事长或理事会重要成员，存在一人多票或者一股一票的偏民主决策机制，理事长拥有资金互助业务的最终决策权。

假设二：参与资金互助业务的社员都是理性的经济人，其行为选择符合自身利益最大化目标。

假设三：社员的决策变量为利率水平 r，社员1加入资金互助社是为了获得更低成本的资金或更容易获得贷款。

5.3.2 动态博弈模型构建

第一阶段：合作与不合作的博弈。社员2发起建立合作社内资金互助部，社员1选择是否加入资金互助部。加入资金互助部唯一的判断标准就是加入比不加入能获得更大的利益，至少不损失自身利益，否则社员1就会选择不合作。显然，单个社员1生产经营规模小，不具备信息优势，缺乏竞价或谈判能力，同时面临从正规金融机构融资难、融资贵的困境，只要社员 1 加入资金互助部优于自主的分散化融资，社员 1 便具有较强的合作意愿或潜在需求。若社员 1 不合作，则博弈结束，双方得益都为 0；若社员 1 选择合作，博弈便会进入第二阶段。

第二阶段：借款与不借款的博弈。社员 1 选择不向合作社资金互助部申请贷款，博弈结束，双方得益都为 0；如果社员 1 受外部融资约束，选择向合作社内资金互助部申请贷款融资，则博弈进入第三阶段。

第三阶段：社员 1 与社员 2 进入资金互助信贷博弈阶段，社员 2 有能力影响借贷结果，甚至掌握了借贷结果的决策权和控制权，社员 2 若拒绝贷款，则博弈结束，社员 2 的得益为 0。此时，由于社员 1 受自身条件限制无法利用外来资金扩大再生产，也无法获得其他投资机会进行创业，甚至无法满足简单再生产的资金需要，只能在现有的资金条件下进行农业生产经营，其得益为 A，A 可能是 0 甚至负值，若社员 2 接受贷款申请，则博弈进入第四阶段。

第四阶段：违约与不违约的博弈。社员 1 顺利获得贷款之后面临两种选择，违约和不违约。假设社员 1 向资金互助部提出申请借款 k，社员 2 接受社员 1 的申请同意借款，如果社员 1 选择不违约，则收益为 U（k），偿还资金互助部的本息 $R=k+rk=(1+r)k$ 之后，获得净收益 U（k）$-R$，且当利率 r 足够小时，rk 足够小，有 U（k）$-R$，资金互助部获得收益 $R-k$，且有 $R-k>0$，一旦社员 1 顺利归还贷款本息，那么社员 2 会获得一定的激励和盈余分配，假设社员 2 获得收益为 I，$I>0$；如果社员 1 有违约行为，不履行或者不完全履行偿还贷款的义务，那么社员 1 属于隐形不良贷款者，他在借贷过程中为了掩盖自己的违约意图，可能提供虚假材料，采取寻租行为拉拢或贿赂社员 2，假设寻租成本为 F，$0<F<R$。资金互助部是合作社社员在某一地域范围内、基于同一产业链条下的互助性合作组织，农村社区关系网络的亲缘、地缘以及业缘对当地社员存在“声誉机制”的约束作用，所以违约行为也会给社员 1 带来信誉损失，设社员 1 损失的福利为 W，则社员 1 获得贷款选择违约后的纯收益为 U（k）$-F-W$。资金互助部由于社员 1 违约遭受损失，而对同意借款或作为贷款担保人的社员 2 给予相应的惩罚 P，则社员 2 的纯收益为 $F-P$。普通社员与核心社员之间的动态博弈过程如图 5-2 中扩展形所示。

5.3.3 动态博弈均衡结果分析

$$U(k)-R>U(k)-F-W \tag{5-1}$$

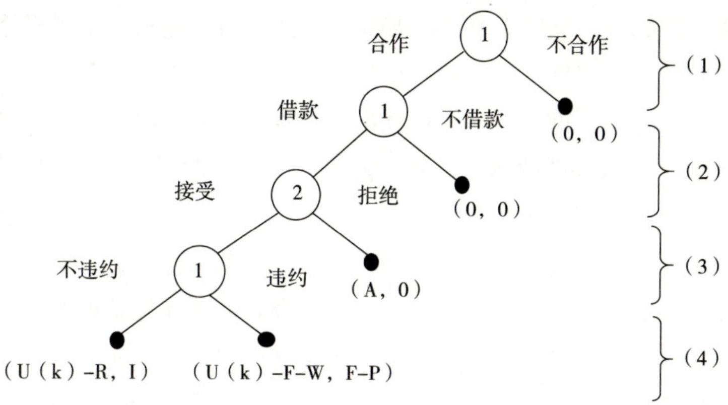

图 5－2 普通社员与核心社员动态博弈的扩展形

当函数（5－1）成立时，得出 R＜W＋F，社员 1 不违约需要归还的本金和利息之和小于违约时的贿赂成本和信誉福利损失之和，社员 1 会选择不违约。在社员 1 不违约的情况下，社员 2 选择接受贷款申请的得益 I 显然大于不接受贷款申请的得益 0，社员 2 会选择接受贷款申请，均衡解为｛不违约，接受｝。此时社员 1 和社员 2 的纯收益均为所有策略得益中的最大值。以上博弈分析说明利率 r 越低，社员 1 不违约的净收益越大，社员 1 利益最大化选择为不违约，社员 2 最优选择为接受借款申请，博弈达到最优。为避免违约情况出现，必须创建一种风险保障机制，使社员 1 因违约产生的贿赂成本 F 与福利损失 W 能够弥补给资金互助部带来的损失即贷款者需归还的本金和利息之和 R，这样可以极大程度地降低社员的违约风险，同时，资金互助部需要提前掌握组织成员的个人信息以及信息的关联度，预防社员之间的勾结行为。

$$U(k) - R < U(k) - F - W \tag{5-2}$$

当函数（5－2）成立时，若 F－P＜0，不存在均衡解；若 F－P＞0，存在均衡解为｛违约，接受｝，则此时得出 R＞F＋W 且 F＞P；结果表明，社员 1 违约的贿赂成本 F 与信誉福利损失 W 之和小于不违约时需要归还的本金与利息之和 R，社员 1 有激励选择违约。在社员有激励违约的条件下，若社员 2 所得的贿赂收入 F 高于合作社对他的惩罚 P，社员 2 有激励接受这次不良贷款申请，则此次博弈的均衡解为｛违约，接受｝。

但是，｛违约，接受｝这一均衡结果显然不符合我们的预期。若要打破这一均衡，实现｛不违约，接受｝的最优均衡结果，一方面，需要加大对社员 2 违规操作的约束和惩罚 P，使其认识到如果接受社员 1 的拉拢和贿赂将得不偿失，打破社员的寻租行为，降低道德风险发生的可能性；另一方面，需要资金互助部加大对违约社员的惩罚力度，严格对待社员 1 故意违约的情况，使社员 1 的信誉福利损失大于本息 R 与贿赂成本 F 之和；此外，资金互助部贷前的风险防范措施必不可少。一旦债权出现难以保障的风险，贷款就有可能成为呆坏账，资金互助部会面临资金链断裂的可能，资金互助部需要采取紧急措施进行风险分散、转移或化解，以减少损失。对于高风险社员，如果资金互助部在贷款前甄别出其风险而拒绝贷款，资金互助部就保全了本金 k，收益为 $k-\partial k$（$0<\partial<1$），∂k 表示资金互助部识别风险所付出的成本，∂ 越小，资金互助部遭受的损失越小。所以，为保全资产，减少损失，资金互助部必须对贷款风险严密监控，并努力提升风险识别和防控能力。

5.4 异质性社员参与资金互助的静态博弈模型分析

5.4.1 基本条件和模型假设

合作社内资金互助部成立之初，异质性社员以拥有稀缺性要素加入资金互助部，核心社员的大额资本和企业家才能等特有资源同普通社员的小额资本、土地和劳动力等可以进行很好的匹配和互补。在合作初期，异质性社员都具有比较强烈的资本、技术等方面的合作意愿，以提高单个农户在面对大市场时无法规避的市场弱势地位。当合作进行到一定阶段，随着核心社员控制权增强及社员异质性进一步深化，初始的合作基础不能维系和满足农民专业合作社内异质性社员合作关系的稳定和延续。普通社员鉴于合作盈余分配和“递增理性”的认知，采取消极态度或规避合作，这时需要通过合理的利益分配机制促使异质性社员积极参与资金互助信用合作，避免社员“用脚投票”。这里将稀缺性资本要素和劳动力看作异质性社员给农民专业合作社提供的有一定差别的要素产品，将普通社员供给的劳动力直接折算成工资作为资金投入，假定与核心社员的资金资本投入具有同质性，这里借鉴简单的两寡头厂商，产品同质且有一定差别的伯特兰德（Bertrand）价格博弈模型（谢识予，2014）来分析异质性社员各自能够给自己带来最大利润的要素供给。

第一，假定某一普通社员 2 拥有某种关键稀缺要素劳动力 L，某一核心社员 1 拥有某种关键稀缺要素资本 K，异质性社员为农民专业合作社提供有一定差别但可以互补的要素 L、K，这里只讨论异质性社员拥有的相对稀缺要素的供给情况，对于共同拥有的要素比如土地、技术等没有个体差异性，不予讨论。

第二，由于农民专业合作社资金互助部筹集互助准备金有单个社员入股上限的规定，存在入股最优额度，假定农民专业合作社对社员 1 和社员 2 提供的要素的需求分别是其价格 P_1、价格 P_2 的线性函数。

第三，社员 1、社员 2 固定成本为 0，边际生产成本分别为价格 c_1、价格 c_2。

5.4.2　异质性社员不参与资金互助的模型构建

社员 1 和社员 2 向农民专业合作社提供要素但不参与资金互助信用合作时，实现自身利润最大化的 Bertrand 模型的要素供给函数为：

$$\begin{cases} q_1 = q_1(P_1, P_2) = a - P_1 + bP_2 \\ q_2 = q_2(P_1, P_2) = a - P_2 + bP_1 \end{cases} \tag{5-3}$$

上述不同的要素供给函数反映了异质性社员各自拥有稀缺要素的差别特征，其中 b（b>0）表示异质性社员拥有要素的替代系数，即普通社员 1 拥有的要素—资本 K 与核心社员 2 拥有的要素—劳动力 L 之间的替代系数。两博弈方普通社员 1 和普通社员 2 各自的最优策略空间为 $s_1 = [0, P_{1max}]$，$s_2 = [0, P_{2max}]$，其中 P_{1max}、P_{2max} 分别代表两博弈方拥有的劳动力 L 和资本 K 在市场上出售的最高价格；两博弈方的得益就是各自的利润，即要素收益减去成本，他们都是双方价格的函数：

$$\begin{cases} u_1 = u_1(P_1, P_2) = (P_1 - c_1)q_1 = (P_1 - c_1)(a - P_1 + bP_2) \\ u_2 = u_2(P_1, P_2) = (P_2 - c_2)q_2 = (P_2 - c_2)(a - P_2 + bP_1) \end{cases} \tag{5-4}$$

上式偏导数为 0 时利润最大，即 $\frac{\partial u_1}{\partial P_1} = 0$，$\frac{\partial u_2}{\partial P_2} = 0$，解得社员 1、社员 2 不参与资金互助信用合作时各自最优策略的纳什均衡（P_1^*，P_2^*）：

$$\begin{cases} P_1^* = R_1(P_2^*) = \frac{1}{2}(a + c_1 + bP_2^*) \\ P_2^* = R_2(P_1^*) = \frac{1}{2}(a + c_2 + bP_1^*) \end{cases} \tag{5-5}$$

解此方程组得 $P_1^* = \frac{2(a+c_1)+b(a+c_2)}{4-b^2}$，$P_2^* = \frac{2(a+c_2)+b(a+c_1)}{4-b^2}$。（$P_1^*$，$P_2^*$）为该博弈唯一的纳什均衡。将 P_1^*，P_2^* 代入两个得益函数则可以得到两社员各自单独行动时的最大收益 u_1^*、u_2^*。

$$\begin{cases} u_1^* = \left[\frac{a}{b+2} - \frac{(2-b^2)c_1 + bc_2}{4-b^2}\right]^2 \\ u_2^* = \left[\frac{a}{b+2} - \frac{(2-b^2)c_2 + bc_1}{4-b^2}\right]^2 \end{cases} \tag{5-6}$$

5.4.3 异质性社员参与资金互助的模型构建

普通社员和核心社员之间资源禀赋的差异必然导致其参与资金互助信用合作的目的和行为有差异，但期望提高自身收益无疑是他们共同的利益诉求，基本目的相近可以使不同层次的社员找到共同的利益契合点实现长期合作。威廉姆森（1985）用交易费用理论研究了农民专业合作社的产生对于农业及农产品市场的影响，提出社员之间的联合能改变市场失灵的局面，且规模经营可以降低交易费用。社员之间的信用是农民专业合作社内资金互助部得以维系的关键，社员与合作社资金互助部之间的交易成本显然低于其与商业银行交易的外部成本，农民专业合作社内部资金互助具有节约市场交易费用的优势（夏英、宋彦峰、濮梦琪，2010）。在农民专业合作社内开展资金互助业务，对社员而言实现了以较低内部合作成本对较高外部交易成本的替代，并通过组织内部多领域合作实现经济上的联合，不仅降低了融资成本，社员还额外获得一些非经济利益（社会声望的提高、熟人网络的扩张以及社会信任的提升等），因而，社员愿意支付合作成本参与资金互助业务。

假设异质性社员（普通社员 1 和核心社员 2）只拥有两种不同要素劳动力 L 和资本 K，同时使用这两种要素会产生溢出效应，使异质性社员的生产成本更低，所以本书认为异质性社员参与资金互助合作有节约成本的效用，假定社员选择合作时边际成本节约系数为 β，则边际成本为（1 − β）c，社员因为合作需要额外支付的合作成本为 kβc，则异质性社员 1、社员 2 选择参与合作的利润函数为：

$$\begin{cases} u'_1 = q_1[P_1 - (1-\beta)c_1] - k\beta c_1 \\ u'_2 = q_2[P_2 - (1-\beta)c_2] - k\beta c_1 \end{cases} \tag{5-7}$$

上式偏导数为 0 时利润最大，即$\frac{\partial u'_1}{\partial P_1}=0$，$\frac{\partial u'_2}{\partial P_2}=0$，解得社员 1、社员 2 各自最优策略的纳什均衡（$P_1^{*'}$，$P_2^{*'}$）：

$$\begin{cases} P_1^{*'}=\dfrac{2(a+c_1+\beta c_1)+b(a+c_2+\beta c_2)}{4-b^2} \\ P_2^{*'}=\dfrac{2(a+c_2+\beta c_2)+b(a+c_1+\beta c_1)}{4-b^2} \end{cases} \tag{5-8}$$

（$P_1^{*'}$，$P_2^{*'}$）为该博弈唯一的纳什均衡。将 $P_1^{*'}$、$P_2^{*'}$ 代入两个得益函数则可以得到两社员选择合作的均衡收益 $u_1^{*'}$、$u_2^{*'}$。

$$\begin{cases} u_1^{*'}=(\dfrac{a}{b+2}-\dfrac{(2-b^2)(c_1+k\beta c_1)+b(c_2+k\beta c_2)}{4-b^2})^2 \\ u_2^{*'}=(\dfrac{a}{b+2}-\dfrac{(2-b^2)(c_2+\beta c_2)+b(c_1+\beta c_1)}{4-b^2})^2 \end{cases} \tag{5-9}$$

从而得到社员 1、社员 2 选择合作的均衡利润 $u_1^{*'}$、$u_2^{*'}$，只要单个社员选择合作所得利润大于不合作所得利润，即满足 $u_1^{*'}>u_1^*$ 且 $u_2^{*'}>u_2^*$ 时，策略｛合作，合作｝就是异质性社员的帕累托最优解，社员 1、社员 2 选择合作获得收益最大。解得上述不等式，当且仅当 $0<b\leqslant 2$ 且 $b\neq 1$ 时，有：

$$\begin{cases} \beta_1>\dfrac{[k+(a+c_1)(b-1)](4-b^2)-2bc_1}{(b^2-2b+4)(b-1)c_1} \\ \beta_2>\dfrac{[k+(a+c_2)(b-1)](4-b^2)-2bc_2}{(b^2-2b+4)(b-1)c_2} \end{cases} \tag{5-10}$$

此时，社员 1、社员 2 之间具有建立稳定合作的可能性。其中，$0<b\leqslant 2$ 表示社员 1 拥有的要素劳动力 L 与社员 2 拥有的要素资本 K 之间的替代系数，$b\neq 1$ 表示 L 与 K 之间是不完全同质的，符合模型使用的假设条件，只要两博弈方合作的节约系数 β 满足上式，那么双方都有合作的积极性。

5.4.4　模型均衡结果分析

模型结论表明合作成本递减是异质性社员选择合作的决定因素，合作成本节约系数 β 超过一个临界值，异质性社员选择合作比不合作所得利润大，博弈双方必然选择合作。这里将合作成本分解为社员参与资金互助业务的组织成本和内部交易成本。因为任何一个组织的发起和设立都需要支付组织成本，支付者也应获得组织收益。合作社资金互助部成立初期，普通小农户因资源有限，让其支付大额组织成本实现经济上的联合并不现实，发起人就锁定为核心社员，支付一定的组织成本或启动成本，包括隐性成本（机会成本）和显性成本（资金、实物成本），隐性成本在业务开展期间大多通过隐性收益获得补偿，而显性成本的补偿则在剩余所有权的倾斜及“二次分红”的治理机制上得以体现。交易成本是为了获得准确的市场信息以及交易时谈判、签订合同和监督审查所产生的成本，社员异质性是农民专业合作社内部资金互助交易成本增加的关键因素。模型结论表明合作成本递减是社员异质性下合作社内资金互助稳定发展机制的决定因素，所以减弱因为社员异质性而产生的信息不对称造成的“道德风险”及“核心社员控制”现象，是农民专业合作社内开展资金互助应该努力的方向。

5.5 本章小结

根据社员的参与角色、参与行为、利益诉求以及对合作社的贡献的不同，把异质性社员分化为核心社员和普通社员两类不同的参与主体，并从异质性社员的资本参与、业务参与和管理参与三个方面探讨其参与资金互助的行为特征，然后，进一步分析了社员异质性下农民专业合作社的治理机制的安排和盈余分配机制等问题。最后，根据异质性社员参与资金互助的行为差异和要素投入差异，分别构建了异质性社员的完全且完美动态博弈和伯特兰德价格博弈模型，来研究合作社内开展资金互助业务的条件和稳定机制，主要结论有：

第一，异质性社员的农民专业合作社中企业家才能对合作社以及资金互助的发展起关键性的作用。在核心社员参与治理的情况下，合作社内部资金互助的发起人积极运营合作社内信贷业务，是以寻求合作社的控制权和治理权，以实现自身投入合作社的稀缺要素如社会资本和人力资本的价值体现，这是社员异质性下合作社治理与盈余分配出现异化的逻辑。所以，社员异质性下的合作社为了激发企业家才能对其的正向促进作用，需要关注的问题不是绝对削减其控制权和治理权，而是要考虑如何约束核心社员的自利行为，给核心社员的稀缺要素投入一个合理的定价，以谋求合作社整体收益最大化的治理逻辑。

第二，异质性社员参与资金互助的完全且完美动态博弈模型分析结果表明：

合作社内资金互助的贷款利率越低，社员参与资金互助选择不违约的概率越大，博弈达到最优。增加违约社员的成本，建立互助金风险保障机制，使高风险社员的贿赂成本与福利损失能够弥补社员违约造成的经济损失，这就需要加大对违约社员的惩罚力度以及加强社员贷款前信息甄别能力。因此，提出适当控制贷款利率、约束和激励措施相容以及加强信贷风险监控是开展资金互助业务的占优策略，有利于资金互助组织达成次优或最优的博弈均衡。

第三，异质性社员参与资金互助的伯特兰德价格博弈模型研究结果表明：参与资金互助的合作成本递减是异质性社员参与资金互助的决定因素，当合作成本节约系数超过某一临界值时，异质性社员选择合作比不合作收益更大，博弈双方都有合作的积极性且这种合作具有长期稳定的特征。预期的合作成本节约系数越大，社员需要支付的合作成本就越小，博弈双方选择参与合作的概率就越大，异质性社员之间建立稳定合作关系的可能性就越大。合作成本节约系数值与异质性社员参与信用合作应支付的合作成本系数值成反比，即合作成本节约系数值越小，异质性社员参与信用合作应支付的合作成本节约系数值越大。合作成本分解为社员参与资金互助的组织成本和交易成本，组织成本的高低取决于社员之间共同纽带的强弱关系及社员的合作意识，内部交易成本取决于社员信息透明程度及社员的利益诉求。因此，降低社员参与资金互助业务的组织成本和交易成本是保持资金互助业务稳定发展的必要条件。

第6章　社员异质性对资金互助满足程度影响的实证分析

在传统合作社理论中，社员同质性虽然有利于坚持合作社的经典合作制原则，但我国农民专业合作社社员呈异质性结构已成为不可阻挡的趋势，且异质性程度在逐渐加深，并在不同程度上影响农民合作社社员关系、收益分配与服务功能的实现（崔宝玉、李晓明，2008）。尽管有不少文献都在研究农民专业合作社社员异质性问题，但仅限于社员异质性对合作社治理结构、组织结构及其盈余分配等方面的影响，鲜有把社员异质性特征与其融资满足程度联系起来。本章基于社员异质性特征的微观视角，通过对社员资源禀赋差异对合作社内部金融资源分配的影响机理分析，构建一个简单二元 Logit 模型实证研究社员异质性特征对其融资满足程度的影响。

6.1　社员的融资需求情况

为增强合作社自身“造血”功能，缓解社员生产性融资约束，在沅陵县金融改革办的支持与鼓励下，2014 年 9 月，王家岭合作社以产业合作为基础开展信用合作试点，成立资金互助部吸收合作社社员为资金互助社社员，筹集总股额 400 万元，其中合作社占股 60%，社员占股 40%。参照金融机构成立专门的信贷管理部门，由专人负责信贷发放与管理，按照该合作社的产业发展特性，经合作社社员代表大会商议入股社员可按 10 元/只鸡、种植户按 5000 元/亩的标准申请互助金，并根据社员生产资料消耗和交易信息建立数据库，对互助金的使用情况跟踪监管，最大程度内化信用风险。2015年底，合作社为了加快资金周转效率，资金互助部将利率价格从初期的5%调高至10%～13%，与当地同期农信社个人贷款利率基本持平。高利率决策虽有异议，但实施以来，互助资金周转明显加快，成员还贷积极性普遍提高，截至2017年底，合作社资金互助部累计投放互助金约1050万元，受益农户63户，2015年底资金互助部第一次分红，社员每户分红最低2000元，最高20000元。合作社内资金互助基本有效满足了社员季节性生产、扩大再生产、灾后重建等资金需求，是缓解农户融资约束的有效模式。

6.1.1　社员家庭基本情况

从126户社员家庭参与合作社内资金互助业务的基本情况来看，在农业生产经营方面有融资需求的社员家庭有98户，其中向合作社申请过互助金的社员家庭有63户，64.3%的社员家庭选择将农民专业合作社作为主要的融资渠道。根据调查合作社社员家庭数据观察，社员家庭总体以典型的小农家庭为主，70%社员家庭收入来源以养殖业为主，种植业为辅，且种植、养殖收入占其家庭总收入比重超过80%。从社员家庭收入结构来看，收入1万～5万元有24户，占比38%；收入6万～10万元有18户，占比29%；收入11万～15万元有10户，占比16%；收入16万～20万元有7户，占比11%；收入20万元以上有4户，占比6%，其中收入为15万以上的社员有11户，其中8户是理事会成员，其中理事长种、养殖年均收入最高，为40万元，理事会成员收入最低的也不低于20万元，如图6－1所示。

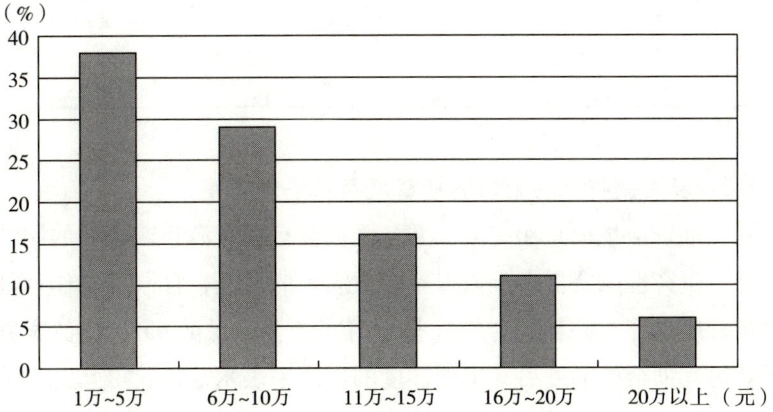

图6－1　异质性社员家庭收入分布情况

6.1.2 社员融资需求特点

6.1.2.1 社员融资需求规模增大，获得互助金的满足程度也稍有增加

社员实际获得互助金总额度和单个社员申请互助金额度都呈逐步增长趋势。2015 年，社员总体申请的互助金额度为 412.21 万元，平均单笔额度为 2.87 万元，社员实际获得互助金总额为 270.05 万元，平均单笔额度为 1.88 万元，社员平均获得互助金的满足程度为 65.51%；2016 年，社员总体申请的互助金总额为 484.62 万元，平均单笔额度为 3.24 万元，社员实际获得互助金总额为 349.98 万元，单个社员平均获得互助金额度为 2.34 万元，社员平均获得互助金的满足程度为 72.22%；2017 年，社员总体申请的互助金总额为 593.46 万元，平均单笔额度为 4.47 万元，社员实际获得互助金总额为 430.16 万元，单个社员获得互助金的单笔额度为 3.24 万元，社员平均获得互助金的满足程度为 72.48%。特别地，自 2015 年调高利率价格后，资金周转加快，社员总体融资的满足程度从 65.51% 提高至 2017 年的 72.48%，约上升 8 个百分点。总体看来，随着合作社产业水平和组织化程度的提高，社员生产规模扩大、社员积极性有所提高，融资需求的额度和获得互助金的满足程度都有提高，如表 6-1 所示。

表 6-1 社员申请互助金规模及实际获得互助金规模

年份	互助金需求额度（万元）		实际获得互助金额度（万元）		整体满足程度（%）
	总规模	单笔规模	总规模	单笔规模	
2015	412.21	2.87	270.05	1.88	65.51
2016	484.62	3.24	349.98	2.34	72.22
2017	593.46	4.47	430.16	3.24	72.48

6.1.2.2 社员获得互助金的满足程度存在个体差异

合作社互助资金规模总额有限，并且受社员自身资源禀赋条件的制约，还存在一部分社员生产性融资需求难以得到有效满足的情况，且同一合作社社员之间的融资满足程度也存在差异。合作社有申请互助金记录的 63 户社员家庭中，用社员实际获得互助金的额度占其申请额度的比值来表示社员获得互助金的满足程度，发现异质性社员之间获得互助金的满足程度存在个体差异。63 户向合作社申请互助金的社员中，实际获得互助金占申请额度不超过 50% 的有 25 户，占总

人数的39.7%；实际获得互助金占申请额度超过50%的有38户，占总人数的60.3%，如表6-2所示。

表6-2　社员融资满足程度差异

融资满足程度 / 社员样本	不超过50%	超过50%	合计
样本数量（户）	25	38	63
比例（%）	39.7	60.3	100

王家岭合作社为保证资金互助服务信息化管理水平、加强信贷风险防控，资金互助部采用评级授信管理模式，根据社员的投入要素资源、家庭经营情况以及与合作社的交易数据等信息，给所有社员划分一个评级授信等级，一级信用户授信额度为5万元，二级信用户为3万元，三级信用户为2万元，资金互助部的评议小组以社员的授信等级和合作社互助资金池的使用情况为参照标准，确定实际放款额度。但合作社的互助资金池除去预留的存款准备金以外，流动的金融资金规模有上限，所以合作社内金融资源的分配必须考虑社员之间的“挤出效应”，那么，资金的发放可能更多地考虑社员的禀赋情况，这也是社员之间的融资满足程度存在个体差异的原因。所以，下文分别以社员相同禀赋的同质性特征与不同禀赋的异质性特征为前提，探讨合作社内一定规模的金融资源的分配情况，并构建资源分配的影响因素模型。

6.2　理论模型构建

假定合作社社员i可供支配的资源有两种，选择集合为Ω_i（X_{ij}，ω）。一是其社员的资源禀赋X_{ij}，表示社员异质性特征的变量；二是合作社提供给社员金融资源ω，第i个社员可以享受到合作社提供的金融服务ω_i，则有$\omega_i = \{\omega/\omega_i \in \omega$，且$\omega_i \in \Omega_i\}$，这里i=1，2，3，…，n。

在理性经济人假设条件下，合作社提供给社员i的金融资源的价格为p，则社员i面临的收入约束函数y_i为：

$$\omega_i \times p \leqslant y_i \tag{6-1}$$

则社员 i 获得互助金的效用函数 U_i 为：

$$U_i = U(\omega_i, X_{ij}) \tag{6-2}$$

在社员收入和外部条件约束下，社员 i 的效用函数为：

$$U_i(p, y_i) = U_{max}(X_{ij}, \omega_i) \tag{6-3}$$

$$s.t.\quad \omega_i = \{\omega / \omega_i \times p \leqslant y_i\},\ \omega_i \in \Omega_i \tag{6-4}$$

6.2.1 同质性社员的理论模型构建

在社员同质性的条件下，传统集体理论中几个经典的模型，如萨缪尔森的“搭便车理论”、奥尔森的“集体行动的逻辑”、博弈论中著名的“囚徒困境”以及哈丁的“公共地悲剧”等都假设参与个体是同质性的自利者，他们只考虑自身资源配置获得的最大效用，不考虑其他参与者资源配置是否对自己效用产生影响。那么，同质性假定下，不存在 $j=1, 2, 3, \cdots$，此时 $X_{ij}=X_i$，则社员 i 参与资金互助的效用只取决于合作社提供的金融资源 ω_i，此时在收入和价格约束下，社员 i 的效用函数为：

$$U_i(p, y_i) = U_{max}(\omega_i, X_i) \tag{6-5}$$

函数（6-5）说明社员获得融资的效用来自于合作社提供的无差异性资源配置，此时社员之间完全平等，获得的资源配置和金融服务是完全无差异的。理性的个体都存在自利偏好，无差异的资源配置导致个体之间缺乏合作的激励。集体行动中无差异个体的努力可能不会对组织产生多大的影响，单个社员都不愿意为了获得本该属于他的收益或者很小的均等收益而支付更多的成本，因为不管他对组织的投入有多少，组织分配到个人的利益大同小异，所以，无差异成员构成的集体中很容易出现“搭便车”的机会主义行为，“搭便车”问题是同质性参与者合作行动的通病，那么，在这种情况下，合作社内资金互助也难以健康有序地发展。

6.2.2 异质性社员的理论模型构建

在社员异质性的条件下，此时对任何给定个体 i，其效用函数 U_i 不仅取决于 ω_i，还会因为其他社员 k 拥有的资源优势对其产生挤出效应，使其获得的金融资源发生变异，且随着社员拥有资源的差异程度的不同而变化，此时在收入和价格约束下，社员 i 的效用函数为：

$$U_i(p, y_i) = U_{max}\left(\omega_i, \begin{bmatrix} X_{11} & X_{12} & \cdots & X_{16} \\ X_{21} & \cdots & \cdots & \cdots \\ \vdots & \vdots & \vdots & \vdots \\ X_{n1} & X_{n2} & \cdots & X_{n6} \end{bmatrix}\right) \tag{6-6}$$

从函数（6-6）可以看出，在社员异质性假定下，集体行动中的个体行为的交互作用以及行动结果的均衡预测，比社员同质性的自利者假定所得的结果要复杂得多。合作社集体行动中个体的交互作用取决于合作社的偏好构成，如把异质性社员看作具有公平偏好的道德和情绪上的互惠主义者或利他主义者，互惠主义者在集体行动中以公平互惠的原则采取有条件的合作，相当于我们生活中常说的“以德报德，以怨报怨”；而利他主义者以“惠及他人”的原则一般采取非条件合作，相当于生活中常说的“以德报怨”。那么在参与者具有异质性假定的前提下，利他主义者的存在对自利者在集体行动的“机会主义”行为产生“挤出效应”，合作程度更高、更复杂（彭长生、孟令杰，2007）。

在社员异质性情况下，合作社社员之间的资金互助合作不仅受社员自身家庭资源禀赋的影响，还受合作社提供给其他社员资源配置和服务的影响，而合作社提供给其他社员的资源配置和服务是由当事人禀赋条件决定的。农户特征对合作效用差异的影响主要是由农户之间的特征差异带来的，包括两个方面的影响：其一，农户特征差异决定了农户参与目的是否一致，表现为社员的合作意向。其二，农户特征差异决定了动机的强烈程度和扮演的角色，体现在社员的参与行为（周应恒、胡凌啸，2016）。社员要素投入中的土地规模、文化程度以及技术水平的差异导致其合作意向具有差异性；而入股额度、社会信任以及关系网络等资源投入的优劣程度导致社员之间的参与行为具有差异性，社员之间合作意向和参与行为直接影响合作社资金互助的资源配置和金融服务的功能发挥，最终导致社员获得的融资服务具有差异性。这里引入社员要素资源投入的特征变量：土地规模、文化程度、技术水平、入股额度、社会信任以及关系网络作为自变量，社员获得互助金满足程度作为因变量，构建一个社员异质性影响社员融资满足程度的模型，考察异质性特征与社员融资满足程度的关系，如图6-2所示：

社员获得互助金满足程度 Y = F（土地规模 X_1；文化程度 X_2；技术水平 X_3；入股额度 X_4；社会信任 X_5；关系网络 X_6）+随机扰动项

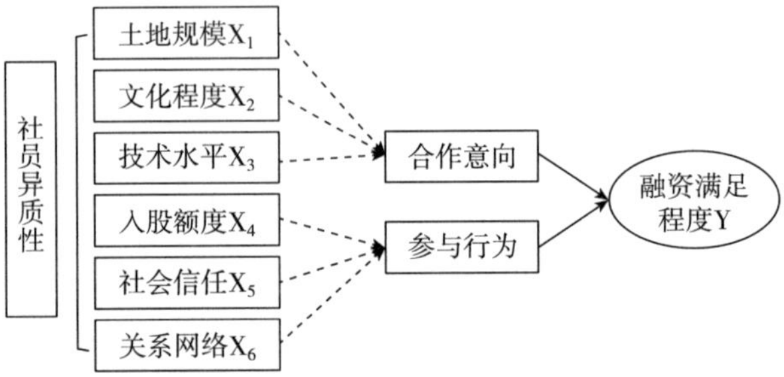

图 6－2　社员异质性影响其融资满足程度机理

6.3　变量说明

6.3.1　变量的选择及说明

为了更深入地研究社员获得互助金的可得性是否受社员异质性特征的影响，这里将变量再具体分类。如表 6－3 所示。

表 6－3　模型变量解释与处理说明

变量类型	变量名称	变量描述
因变量	融资满足程度 Y	Y＝0 表示不能满足；Y＝1 表示能满足
自变量		
自然资源	土地规模 X_1	投入合作社生产和经营的土地面积（亩）
人力资本	文化程度 X_2	主要劳动力的受教育年限（年）
	技术水平 X_3	从事种植、养殖行业的年限（年）
		有无培训他人的经验（1＝有；0＝无）
货币资本	入股额度 X_4	加入资金互助部的入股额度（万元）

续表

变量类型	变量名称	变量描述
自变量		
社会资本	社会信任 X_5	是否信任合作社和社长（1 = 完全不信任；2 = 不太信任；3 = 一般信任；4 = 比较信任；5 = 非常信任）
		个人信用评价（1 = 很差；2 = 比较差；3 = 一般；4 = 比较好；5 = 很好）
		合作社评级授信等级（1 = 一等级5 万元；2 = 二等级3 万元；3 = 三等级2 万元）
	关系网络 X_6	在政府和金融机构工作的亲友数量（人）
		红白喜事礼金收支数额（1 =1 万元以下；2 =1 万 ~3 万元；3 =4 万 ~6 万元；4 =7 万 ~9 万元；5 =10 万元及以上）

6.3.2　自变量的描述性分析

（1）自然资源。土地要素投入作为最主要的自然资源要素，社员经营土地规模的差异是社员异质性表现特征之一。如图6－3 所示，合作社土地要素投入1 亩及以下的社员有15 人，占总人数的25%；2 ~5 亩的有29 人，占比46%；6 ~9 亩的有11 人，占比16%；10 亩及以上的有8 人，占比13%。根据我国“第三次全国农业普查方案”中对规模农业经营户的定义，种植业一年一熟地区露地规模100 亩及以上，一年二熟及以上地区露地50 亩及以上为规模大户。

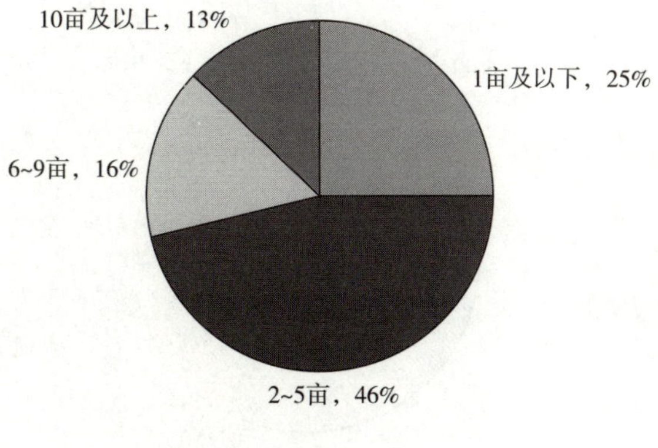

图6－3　社员土地投入分布

（2）人力资本。其一，被调查社员家庭人口年龄结构如图6－4所示：30岁及以下的2人，占比3%；31～40岁的11人，占比17%，41～50岁的26人，占比41%；51～60岁的20人，占比33%，60岁以上的4人，占比6%；男性有43人，占比68%，女性有20人，占比32%。社员构成主要是以41～60岁农户为主，社员平均年龄为49.2岁，可见社员家庭中做主要决策的是男性中年农户，基本符合我国的现实情况。其二，社员的文化程度如图6－5所示：小学以下（成人文盲）的社员有11人，占比17%；文化程度是小学的有25人，占比40%；文化程度是初中的有18人，占比28%；高中文化8人，占比13%；大学及以上1人，占比2%。社员整体的文化程度不高，且存在个体差异，农户文化程度是制约农户从事新型现代化农业生产经营的因素之一。其三，关于合作社中社员技术水平的衡量，这里使用社员从事养殖的年限和是否有培训他人的经验两个指标综合考察。如图6－6所示，从事养殖业1年及以下的社员有5人，占比8%，基本是新加入的社员，养殖技术相对欠缺，是被培训的对象。从事养殖业2～5年的社员有31人，占比49%，是被培训对象；从事养殖业6～9年的社员有20人，占比32%，拥有相对成熟的养殖经验和技术，并能独立判断并解决养殖过程中的问题，基本不参与培训；从事养殖业10年及以上的社员有7人，占比11%，他们都是合作社的初始成员，也是合作社的核心管理人员，每年都接受专业技术的培训，具有丰富的养殖经验，同时也是合作社的技术人员，经常向其他社员传授养殖经验。所以，合作社社员技术水平大约呈两极分化状态，但合作社也一直秉承以老带新、互帮互助的原则，在社员内部开展技术培训和经验学习等活动。

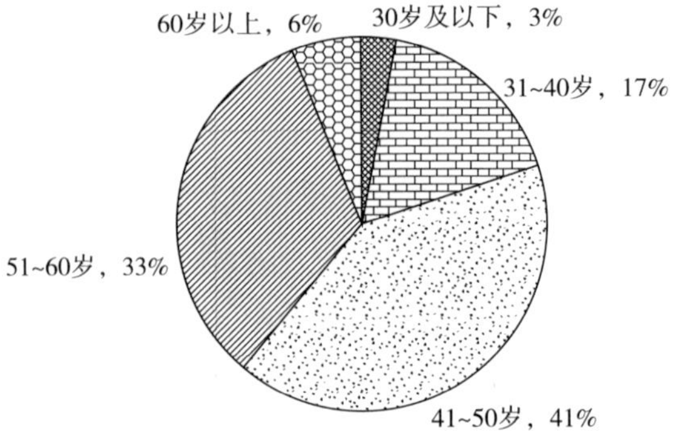

图6－4　社员年龄分布

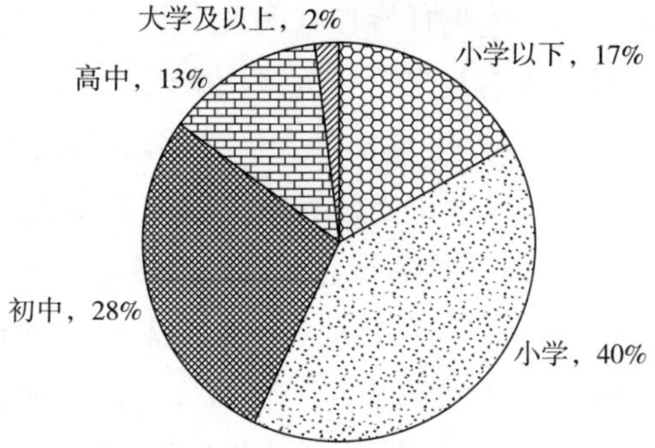

图6－5　社员文化程度分布

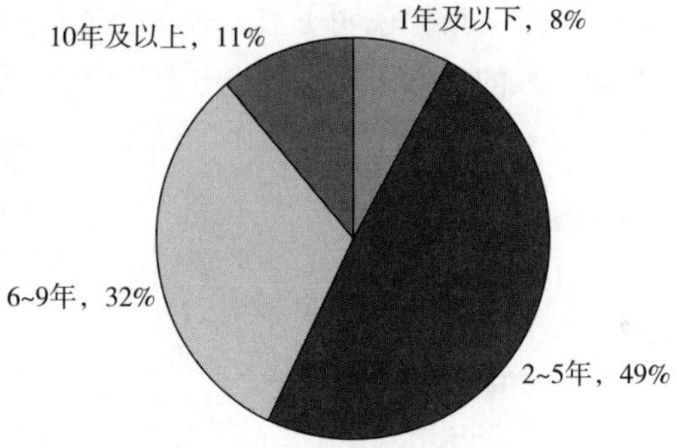

图6－6　社员从事养殖年限分布

（3）货币资源。社员入股情况如图6－7所示，49%的社员没有现金入股；现金入股1万~5万元的有15人，占比24%；入股6万~10万元的有7人，占比11%；入股11万~15万元的有6人，占比10%；入股超过15万元的有4人，占比6%。其中入股超过10万元的有10人，有8人是理事会、监事会成员，另外两位是合作社理事长和副理事长，分别入股30万元、35万元。入股份额的差异是社员是否获得经营管理权和收益权的根本体现，也是社员异质性表现和形成的直接原因。

（4）社会资本。其一，关于合作社社员社会信任。合作社社员来自同一乡镇相邻的两个村，且蛋鸡养殖始于2009年7月，社员之间有多年的合作经验，彼此熟络，信息对称程度高。合作社构建的社员关系社会网具有低趋同性、高紧密性的特征。通过整理调查问卷数据显示，73%的社员表示非常信任合作社及理事长，仅有9%的社员表示不太信任合作社和理事长；73%的社员在村内的信誉程度较高，仅有2%的社员曾有过失信行为，信誉较低。由于农村社会“声誉制度”约束，“熟人社会”中农户很看重个人信誉，社员社会信任的差异性不大。其二，社会网络以“在政府部门和金融机构工作的亲友数量”和“礼金收支”为主要参考指标。只有10%社员回答说有亲友在金融机构部门工作，有6%社员回答有亲友在政府部门工作，但亲友数量都不超过2个。关于礼金收支情况，如图6－8所示，合作社有11人礼金支出在1万元及以下，占比18%，基本为村内的贫困户；29人礼金支出2万～5万元，占比46%；14人礼金支出6万～9万元，占比22%；9人礼金支出在10万元及以上，占比14%。并且发现，有亲友在政府部门或者金融机构工作的社员以及礼金超过10万元的社员中80%都是合作社理事会、监事会成员，这一指标说明了监、理事会成员的社会网络资源明显优于普通社员，他们是合作社的核心人物，在合作社发挥主要带头作用。

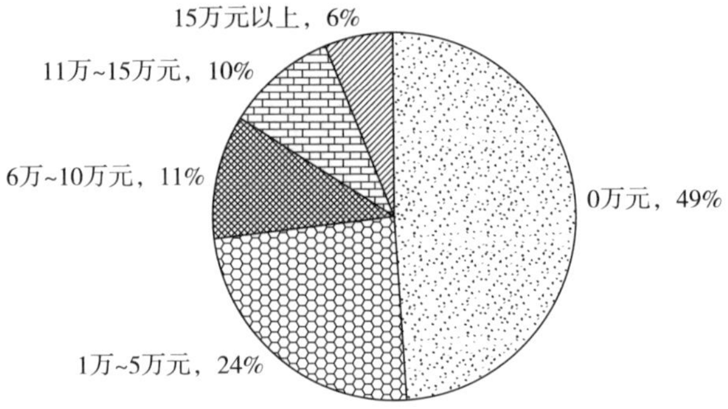

图6－7　社员的入股额度分布

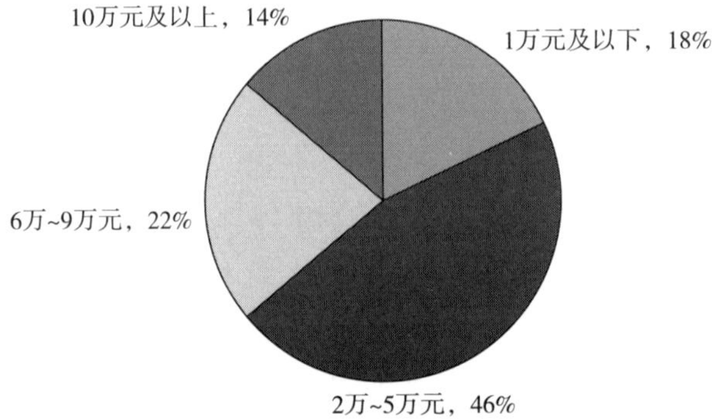

图6－8　社员家庭礼金支出分布

6.4　模型估计结果

根据上文的分析发现异质性社员获得互助金的满足程度具有差异性，要研究社员异质性对其获得互助金满足程度是否有影响，需要排除其他异质性变量的干扰，所以这里选择同一合作社内所有社员作为研究样本。考虑到王家岭合作社社员总样本数为126户，实际向资金互助部成功申请互助金的社员只有63户，由于样本量不足，不具备采用多元回归分析的条件。本节主要验证异质性社员融资满足有差异的情况下，考察社员资源禀赋对其融资满足程度的影响程度，因此选择简单二元Binary Logistic回归模型，因变量选取虚拟变量0和1，社员实际获得的互助金总额等于或大于他们期望额的50%，融资满足程度为不满足，设定Y=0；社员实际获得的互助金总额大于他们期望额的50%，其融资满足程度为满足，设定Y=1。考察社员异质性特征土地规模、文化程度、技术水平、入股额度、社会信任以及关系网络是否是影响社员获得互助金满足程度的因素以及影响的程度，因此建立一个二元Logit计量模型：

$$P_i = F(y_i) = prob(y_i = 1/x_i) = \frac{1}{1+e^{-y_i(x_i)}} \quad (6-7)$$

$$s.t.\quad y = \beta_0 + \beta_1 x_1 + \beta_2 x_2 + \beta_3 x_3 + \beta_4 x_4 + \beta_5 x_5 + \beta_6 x_6 + \varepsilon \quad (6-8)$$

模型（6-7）中，P_i 表示第i个社员获得互助金满足程度的概率，y_i 表示第i个社员获得互助金的满足程度；模型（6-8）中，$x_1 \sim x_6$ 为解释变量，为获得互助金满足程度y的影响因素，β_0 为常数项，$\beta_1 \sim \beta_2$ 为对应的解释变量的系数。通过运用SPSS19.0软件，分析社员获得互助金满足程度的影响因素并验证其显著性及其影响程度。模型1为将全部变量土地规模 X_1、文化程度 X_2、技术水平 X_3、入股额度 X_4、社会信任 X_5、关系网络 X_6 纳入模型的最初估计结果，模型2为剔除不显著的变量 X_1、X_2 和 X_3，将模型1中显著的变量 X_4、X_5 和 X_6 纳入模型的最终估计结果，如表6-4所示。

从模型的回归结果来看，模型1和模型2的调整 R^2 分别为0.844和0.831，说明模型的拟合程度较好，说明模型是有意义的。在社员异质性特征对其获得互助金满足程度的影响因素的实证研究中，模型1货币资本的入股额度 X_4 和社会

表6-4　社员异质性影响其融资满足程度的模型回归结果

变量		模型1			模型2		
		系数	标准误	显著性水平	系数	标准误	显著性水平
自然资源	土地规模（X_1）	0.829	0.869	0.340	—	—	—
人力资本	文化程度（X_2）	-1.012	1.016	0.319	—	—	—
	技术水平（X_3）	0.543	0.837	0.516	—	—	—
货币资本	入股额度（X_4）	2.475	1.024	0.016**	2.402	0.880	0.006***
社会资本	社会信任（X_5）	1.959	0.945	0.038**	2.243	0.773	0.004***
	关系网络（X_6）	1.634	0.700	0.020**	1.887	0.679	0.005***
Nagelkerke R^2		0.844			0.831		
Sample		63			63		

注：***、**、*分别表示在1%、5%、10%的水平上显著；“—”表示变量不存在或统计不显著。

资本的社会信任 X_5、关系网络 X_6 通过了5%水平上的显著性检验，而土地规模 X_1、文化程度 X_2、技术水平 X_3 没有通过显著性检验；模型2货币资本的入股额度 X_4 和社会资本的社会信任 X_5、关系网络 X_6 通过了1%水平上的显著性检验。表明货币资本和社会资本是影响社员获得互助金满足程度的影响因素。考虑到将一个案例合作社社员作为研究对象，样本量受限制，所以实证结果并不是很理想，但是基本符合预期。合作社主要以养殖业为主，2016年开始投入大棚蔬菜种植业，所以土地投入规模对社员参与资金互助的影响暂时没有得到体现，模型结果中土地规模对社员的融资满足程度影响没有通过显著性检验也符合现实情况。社员文化程度对其融资满足程度的影响不显著，一般来说，文化程度越高的农户学习和理解贷款流程的效果越好，基本能正确表达自身的融资需求，但随着其经营能力和经营规模的增加，也会产生更多的信贷需求，当实际获得的信贷额度的增加赶不上信贷需求增加时，那么他获得融资的满足程度却不一定增加。社员技术水平对其融资满足程度的影响不显著，可能与该合作社从事养殖业的特性有关，该合作社蛋鸡养殖采用的是德国先进技术，基本是以一个技术员外出学习为主，定期向社员开展培训课的模式指导生产，日常管理主要以自动化养殖，所以养殖年限和技术掌握水平对融资满足程度的影响不显著。

货币资本方面。入股额度对社员获得互助金满足程度的影响：货币资本要素中入股额度在模型1中通过了5%的显著性水平检验，在模型2中通过了1%的显著性水平检验，且其回归系数为正，说明社员在合作社的入股额度占比越高，获得合作社内互助金的满足程度越高，合作社股份所有权越倾斜，其治理机制和业务发展越容易受到影响。正如调研中发现的情况，合作社前10大股东的入股总额占合作社股金的62.5%，其中有8人是合作社监、理事会成员，尽管受合作社资金总额的限制，但是在现有的条件下，入股大户获得互助金的满足程度完全高于那些没有入股的普通社员。说明合作社资源配置和金融服务更倾向于那些贡献更大、承担更多成本的核心大户，合作社也正是需要这些资金大户的支持，来维护合作社的持续稳定发展。

社会资本方面。其一，社会信任对社员获得互助金满足程度的影响：社会信任在模型1中通过了5%的显著性水平检验，在模型2中通过了1%的显著性水平检验，且其回归系数为正，说明社员的社会信任对其获得合作社互助金有正向的影响作用，在农村地区，社会资本是拉开农户融资能力差距的原因，其中，个人信誉评价和合作社内部评级授信等级都是反映社员融资能力的衡量指标，合作社资金互助的对象向信用更高的社员倾斜。其二，关系网络对社员获得互助金满足程度的影响：关系网络在模型1中通过了5%的显著性水平检验，在模型2中通过了1%的显著性水平检验，且其回归系数为正，说明社员的关系网络对其获得合作社互助金有正向的影响作用。在农村地区，社会资本是拉开农户融资能力差距的原因，其中，社员的社会关系网络对社员获得互助金满足程度有正向影响，且在合作社交往圈子内，礼金收支高于村内平均水平、有亲戚是政府官员或者金融机构的社员更容易享受合作社内部的融资便利，获得互助金的满足程度更高。

6.5 本章小结

本章选取了湖南省沅陵县王家岭养鸡专业合作社为研究对象，在前文测定合作社社员异质性程度的基础上，利用对合作社126户社员家庭的问卷调查数据，对社员的融资需求及其社员异质性特征影响其融资满足程度做了一个实证分析。研究发现，异质性社员的合作意向和参与行为的差异直接影响合作社资金互助业务的金融资源分配情况，导致社员获得互助金的满足程度有显著差异。所以本章引入社员异质性特征的土地规模、文化程度、技术水平、入股额度、社会信任以及关系网络 6 个表现因子，构建了一个简单的二元 Logit 模型，利用合作社 126 户社员中实际参与合作社内资金互助的 63 户社员的家庭调研数据，对社员获得互助金满足程度的影响因素进行实证分析。结果表明，货币资本要素的入股额度以及社会资本的社会信任和关系网络是社员获得互助金满足程度的影响因素，并且从系数上看，社员入股额度是影响其融资满足程度最主要的因素，其次是社员的社会信任和关系网络。

第7章　社会信任、关系网络与合作社内资金互助绩效分析

Putnam（1993）定义了组织社会资本，认为其是一种主要的非正式制度，且通过促进合作行为提高社会效率的社会信任、规范及关系网络。Adler（2002）在Putnam研究基础上把社会资本细分为内部社会资本和外部社会资本，内部社会资本指组织成员之间的信任、规范和社会网络，外部社会资本指组织的外部关系网络和资源。与正式制度相比，社会资本能更有效地发挥促进信息交流，降低交易成本，促进融资活动的开展（Hail，2002；Kuhnen，2009），提升组织绩效的作用（Nee，1998）。

国内外学者基于不同视角研究了社会资本对合作社发展的影响，也得出了不一致的结论，但大多数研究表明社会资本对合作社绩效有积极的作用。如李旭和李雪（2019）研究发现社会资本是实现合作社与社员之间资源获取、信息共享的重要基础。Bauwens和Defourny（2017）、崔彩贤和边丽瑾等（2020）认为社会资本对合作社形成、生存与发展有决定作用。在合作社内部以社员资金互助为纽带实现经济联合，参与成员自下而上、来自同一产业链上的“熟人社会”，依托农村“乡土人情”中社会资本的人际关系网络和社会信任，进行对组织成员的连接和“声誉机制”的约束，内部治理有效，生命力更强，是以成员为主导、内生性合作金融的一种有效模式（何广文，2007；商文莉、郑少锋，2015）。张德元和潘纬（2016）、徐志刚和张森（2017）、李明贤和周蓉（2018）等研究都强调了社会资本对合作社内资金互助绩效的决定作用。农户参与资金互助也能加强自身社会资本和关系网络（王曙光、王琼慧，2018）。Ostergaard和Schindele（2016）研究表明社会资本对挪威合作银行自我生存能力有决定作用，并发现商业银行不存在类似的效应。然而，也有学者对社会资本的局限性展开研究，董晓

林、石晓磊等（2018）认为社会资本加剧合作社委托代理问题，使互助经营目标出现偏移，不利于社员利益最大化的实现。高强度和认知相似的社会网络，导致风险传染更快速直接（吴宝等，2011），且网络内个体自由受限、外部个体入网成本增加，不利于机构创新（李永强等，2012）。

“关系网络”是社会资本的核心内容，也是社会学和经济学领域一个非常重要的概念，费孝通（2008）以差序格局为基础研究的乡土社会的亲缘、血缘关系，Peng（2004）研究的宗族网络关系等都属于社会关系网络的范畴，随着我国农村经济发展与社会转型，农村社会关系网络的概念也进一步演化，以亲缘、血缘为基础的关系网络随着社会差序格局逐层减弱，而以产业合作为基础的“业缘”通过对共同利益的追求强化了农户的关系网络。社会关系网络因其内部有更多非正规的履约机制，能避免参与者之间的信息不对称、减少机会主义，对参与者的经济行为有促进作用，如马光荣、杨恩艳（2011）以及杨汝岱、陈斌开等（2011），采用我国 81 个村庄 1951 户农户的调研数据，研究了农户社会关系网络与民间借贷的关系，认为农户的社会关系网络对其借贷行为有积极促进作用，但杨汝岱、陈斌开等（2011）也强调随我国社会转型和经济发展变迁，社会关系网络对农户借贷行为的影响会逐渐变弱。

蔡起华、朱玉春（2015）在研究农户关系网络对其参与公共品供给行为的作用时，提出农户在长期交往的关系网络中形成的社会信任能有效促进集体行动的有效性。徐志刚、张森等（2011）在研究合作社生成与存续的条件时，认为农户社会关系网络中对彼此的信任程度是最重要的因素。社会关系网络建立在社会成员相互信任的基础上，社会信任内嵌于关系网络之中，信任的获得和巩固需要交易双方长期交往与合作，这一过程恰恰也是巩固社会关系网络发展与稳定的过程，两者相辅相成、相互促进。由此引发一个思考，我国合作社内资金互助的成功试点与发展，是否源于农户社会关系网络的连接作用和一定村域范围内建立的社会信任下“声誉机制”的约束？本章从社会资本理论的基础上，提取社会信任和关系网络两个因子，探讨合作社内社员经济行为如何内嵌于因社会信任构筑的关系网络而发挥作用；以湖南省沅陵县王家岭养鸡专业合作社为研究对象，考察社员长期交往建立的社会信任与关系网络对其参与资金互助业务的影响，试图厘清合作社内资金互助的运行机理。

7.1 社会信任及其对资金互助的影响机理

7.1.1 合作社内部社会信任

最早将信任引入经济学研究始于20世纪90年代，经济学家Stephen Knack和Philip K（1997）、Andreas O和John F（2000）等指出信任不但有助于提高微观经济组织的运作效率，而且有助于宏观经济增长。张迎维、柯荣住（2002）也认为信誉或信任是市场经济中最重要的道德基础，市场经济就是建立在社会信任基础上的一种互惠行为，没有彼此的信任，任何交易都无法达成。福山（1995）在《信任：社会美德与经济繁荣》一书中将社会信任定义为“一个组织之中，成员对彼此熟悉、真诚、合作行为的预期”，并提出“信任半径”概念，即组织成员信任扩展到的某一范围，信任半径可以控制潜在风险。交易主体的社会信任可以降低合作成本，提高合作效率，是达成合作的前提与基础（Fewin等，2007）。处于高度信任水平的交易双方，也倾向于选择一个更高的合作水平（陈叶烽、叶航、汪丁丁，2010）。作为一种非营利的互助性合作经济组织，合作社内部社会信任对社员之间合作效果具有显著影响（钟夏、穆娜娜、齐介礼，2016）。徐志刚、张森等（2011）对吉林、陕西等7省758家农民专业合作社的调研发现，社会信任是合作社产生、存续和发展的必要条件。成员与合作社的信任关系影响其参与合作社行为（冯娟娟、霍学喜，2017）。对农户参与资金互助借贷行为的研究表明，社员一旦出现违约行为，其违约事件会被“闲言碎语”加以传播，甚至被贴上“不诚信”“老赖”标签，未来的融资就会受影响，乡土社会信任对乡村借款人的贷款行为具有很大的约束力（薛桂霞、孙炜琳，2013）。

7.1.2 社员社会信任的影响机理分析

其一，集体组织的社会信任的影响。合作社内资金互助是社员基于自身金融需求自发形成，社员始终处于主体地位，共同拥有资金互助部的产权。资金互助部遵循“对内不对外、吸股不吸储”的资金内循环使用的社员合作化运营，这是区别其他金融机构最明显的特征。合作社以全体社员分布为边界，构建了一个从核心社员到普通社员依次递减、具有“差序格局”分布特征的“信任半径”，这一“信任半径”表示合作社信用业务的辐射范围。合作社内部开展资金互助以“社员制、封闭制”为原则，将资金互助业务严格控制在社员之中，最大程度上确保资金安全、风险可控，这也是保证不同层次的社员参与资金互助的基础和前提。合作社依托同类或者相似农产品生产基础上构建的信任半径，具有信息优势和控制优势，扮演信用中介将资金供给者和需求者联结起来，跨越农户与正规商业银行之间的屏障，使合作社内资金互助业务顺利开展。

其二，以合作社理事长为核心社员的个人社会信任通过促进资金互助信息共享、资源共享和利益共享三条路径，影响合作社内资金互助社员行为，从而对资金互助绩效产生影响（见图7－1）。①信息共享：个人信息的汇集与共享即“地方性知识”的掌握有利于做出正确的经济决策（Hayek F A，1945）。合作社统一安排生产管理、储运销售、技术培训以及资金互助等环节，每个环节的信息整合和共享都要求合作社领导人管理下治理结构的有效性，其中理事长个人的社会信任是胜任这些管理工作的基本条件。②资源共享：农业生产物资统一赊销和延期付款是开展资金互助的基本形式，通过商品跨期交易的商业信用模式缓解社员融资约束，能在最大程度上保障社员的履约行为，降低信用风险。理事长好的社会信任能够提高社员参与合作的程度，扩大合作的规模，从而有利于降低统购统销中购买生产物资的边际成本和社员参与资金互助的交易成本。③利益共享：合作社内资金互助以“取之于社员、用之于社员”的基本原则，采取同股同利、同股同权的利益共享机制，旨在提高社员自身的“造血”功能。合作社个人社会信任程度高，通过内部信息共享、资源共享以及利益共享机制，降低信息不对称水平和交易成本，发挥对资金互助组织绩效的促进作用。

其三，以普通社员为代表的个人社会信任通过规范借贷行为和违规约束机制两条途径影响资金互助效果（见图7－1）。①规范借贷行为。在生产合作基础上具有共同利益追求的社员参与资金互助信用合作，同一生产链条上“熟人社会”的信任机制发挥监督作用，社员对彼此的家庭经营情况、信用状况及还贷能力较为了解，简化了资金互助审批程序，基本能规避上交虚假材料、道德风险和寻租行为，具有成本降低优势。②违规惩处机制。合作社为社员评定信用等级，利用公开信息披露制度，具有基于有限重复博弈的“声誉机制”发挥激励与约束功能，社员为了获得长期利益在博弈初期选择合作为最优策略，减少了社员的道德风险行为。因为社员一旦有故意违约行为，合作社将利用群体决策机制讨论是否将其列入“黑名单”，并予以公示，如此严厉的惩处机制使社员不敢轻易违约，参与有限次重复博弈的社员有激励选择合作策略，保障资金互助业务的持续性。

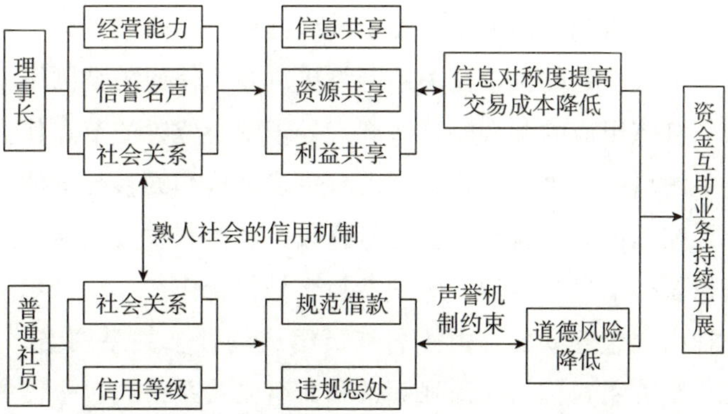

图 7-1 社会信任对资金互助绩效影响的路径

通过对合作社集体组织和个人（核心社员和普通社员）的社会信任对社员参与资金互助行为及绩效的影响机理分析，提出理论假设 1：社员的社会信任是合作社内开展资金互助的前提条件与基础，并能降低信息不对称，规避风险，促进资金互助业务有序开展。

7.2 关系网络及其对资金互助的影响机理

7.2.1 社员关系网络及“结构洞”理论

费孝通（2008）认为传统村落的乡土社会生活是富于地方性的，村民的活动范围存在区域限制，区域内的人们相互熟谙，构成了农村熟人社会的关系网络。任何组织都是嵌入在一定社会关系网络而组建的，合作社的建立一开始也是基于关系型的农村乡土社会，乡土社会历来存在“差序格局”范式的亲疏远近，这里借鉴经济学家 Granovettev（1973）对社会关系网络的研究，将社会关系网络分为“强关系”和“弱关系”两类。“强关系”指交易双方有直接联系，且互动频率高、合作意愿强，强关系是获取资源的有效途径。“弱关系”指交易双方不存在直接联系，而是需要通过第三方中介组织搭桥间接联系，弱关系是传递信息的有效桥梁。Burt（1992）在强、弱关系的基础上提出“结构洞”理论，该理论用来研究使参与主体获得利益最大化的关系网络结构。在研究社会关系网络的有效性时，他提出一个人所处的位置比关系网络更重要。任何关系网络上存在一些有直接或间接联系群体组成的洞穴，这些洞穴处于中心位置的节点作为桥梁，创造了博弈双方竞争的均衡结果。强关系中占有更多结构洞的参与主体作为其他参与者的信息中介，控制信息的流动，获得信息收益和控制收益。弱关系上的交易者因为中介的搭桥获得信息和资源，顺利参与交易与合作。

假设合作社内资金互助部是由4名社员组成的社会关系网络（见图7－2），他们之间共有6组关系，包括3组强关系和3组弱关系，通过全体成员关系网络中结构洞的搭桥作用，所有社员被编织在一张缜密的网络图中。其中，●代表核心社员，○代表普通社员，核心社员一般为监、理事会成员，他们是拥有相对优越的社会资本的专业大户、工商企业主等“农村精英”，因为拥有稀缺关键要素，掌控合作社治理权和控制权，同时也承担更多风险和成本；普通社员则由资本相对稀缺的农户构成，他们一般扮演选择策略性依附角色，属于风险规避型。在有限的资源条件下，A、B、C、D 4名社员中，核心社员A因拥有稀缺要素资本、技术以及更优越的社会关系，具有明显的位置优势，占据3个结构洞，分别用三角形ABC、ABD、ACD表示。在资金互助业务往来中，当彼此之间无直接联系的普通社员B、C、D有融资需求时，处在结构洞节点上的核心社员A运用自己的资源优势作为第三方中介“搭桥”建立新的社会联结，将普通社员B、C、D中断的关系重新连接，传递信息、降低结构上的限制性，从而促进合作社内资金互助的顺利开展。

在合作社内部封闭的网络结构中，处在网络中心节点的核心社员往往占据有利位置，充当信用中介角色，为自己带来经济收益，实现“洞”中获利，也强化了自己的关系网络获得社会收益，同时也为资金互助部及其他社员带来经济上的收益。那么，随着合作社规模扩大，资金互助部的关系网络随着社员人数的增多而扩张，最终以某一“信任半径”为界，形成由有限组社员构成的无数组关系叠加而成的复杂、多元的关系网络（见图7－2）。这张基于合作社相同或相似产业的合作关系而构建的关系网络图，因为信用合作的嵌入变得更加紧密，最终实现了“1+1≥2”的协同效应，合作社的向心力、凝聚力和组织程度也随着关系网络的叠加而加强，反过来又促进资金互助的持续发展。

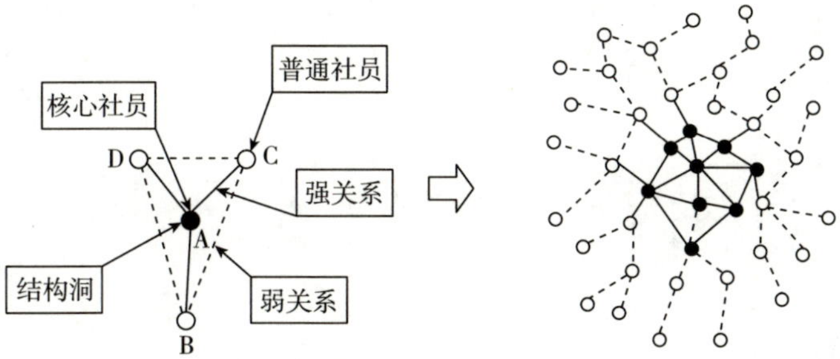

图7-2 社员关系网络扩展

7.2.2 社员关系网络的影响机理分析

关系网络是拥有一定资源的行动者和关系者构成的社会结构，社员的经济行为会受到关系网络中其他参与者的影响，并且关系网络的强弱程度对社员的行为也会产生不同的影响（Granovetter，1985）。所以，我们分别剖析了核心社员的“强关系”以及普通社员的“弱关系”对资金互助行为的影响机理。

其一，核心社员“强关系”的影响。在合作社产业合作基础上，核心社员作为一个独立的小团体，他们有直接的联系，其建立的强关系通过信息获取、资源分配以及技术扩散三条途径加强资金互助社治理，提高资金互助绩效（见图7-3）。当外围的普通社员有融资需求，但资金供需双方之间没有直接联系时，存在一个结构洞阻碍资金的流通导致融资受到约束，而资金互助部处于优势位置的核心社员占据结构洞，充当中间搭桥人角色，他们拥有合作社内部交易信息获取的占先权、金融资源分配的决策权等优势，通过内部强关系搭桥，组织资金结余者入股资金互助部、资金短缺者申请互助金，进行内部资金的调剂使用，最终达成社员之间的信用合作，中间搭桥者也获得相应的绩效奖励和相应的酬劳。同时，合作社产业链的延伸、扩张吸引“圈外”社员加入资金互助部，关系网络的逐层影响与叠加，随之而来是信任半径辐射范围的延伸，两者相互融合，从而达到强化内部治理、提高资金互助业务绩效的目的。

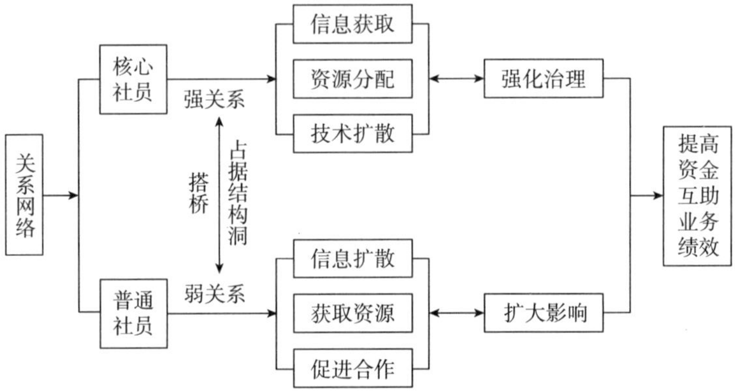

图7－3　社员关系网络对资金互助绩效影响路径

其二，普通社员“弱关系”的影响。普通社员一般是分散的小农户，他们利用自身弱关系通过信息扩散、获取资源以及促进合作三条路径，发挥对合作社内资金互助的影响作用（见图7－3）。合作社所有社员基本在同一村或乡镇范围内活动，居住邻近的社员对彼此的家庭结构、信用状况、承贷能力及运营情况等信息相互了解，依托产业发展的“业缘”关系网络而开展信用合作，能最大程度降低信息的不对称，规范社员的借贷行为，促进还贷的积极性（Karlan，2007）。关系网络作为农户重要的社会资本，具有信息流通和资本聚集效应，减少农户融资中的信息不对称，帮助参与者获得有价值的信息，降低寻租成本，具有信息收益价值。另外，关系网络通过不断增加违约成本而发挥监督作用，高风险的借款人能被甄别出来，有效降低道德风险和逆向选择问题（Ghatak，1999）。

对于获得合作社互助金、享受金融服务的“圈内”普通社员而言，他们通过参与资金互助获得金融资本、生产物资等资源，以“好评”的形式发挥邻里乡村扩散效应，向外围社员传递信息，从而扩大合作社内资金互助的影响，反过来这种扩散效应还可以对资金互助的内部治理施加监督，规范资金互助部核心社员的治理行为；对于违约的社员，乡土社会关系网络中“熟人社会”的声誉约束机制发挥作用，对不当行为采取社会控制和制裁。社员的违约行为产生的社会舆论，通过农村社区关系网络传播与扩散，违约者受到的谴责也会随着传递效应被无限放大，从而使社员受到当地圈子的排斥与疏离。

在这个过程中，核心社员和普通社员的资金与产业通过关系网络搭桥形成关联效应，加上彼此社会关系网络节点的叠加，使合作社内资金互助达到共同治理与相互监督的良性循环，从而提高资金互助业务绩效。因此，提出理论假设2：核心社员占据农民专业合作社关系网络中的结构洞，作为联结中介为普通社员搭桥，能强化资金互助内部治理、扩大影响，从而促进资金互助业务绩效的提升。

7.3 合作社内资金互助的案例分析

7.3.1 合作社内资金互助发展概况

王家岭合作社内资金互助部在社员内部开展资金互助业务，主要采取商业信用和货币信用两种形式，缓解社员生产性融资约束问题。商业信用，即社员以赊购的方式从合作社获取生产资料，并在约定期限内以统一交售产品偿还本金和利息。货币信用，即社员从资金互助部获得短期借贷资金。合作社资金互助信用贷款无须担保抵押、手续便捷，资金一般在两个工作日就能到位。社员向资金互助社申请融入资金或生产资料，资金互助社将生产资料以市场价换算成等额面值的“内部支票”，由资金使用评议小组入户核实后，按社员评级授信结果发放与贷款额等值的“内部支票”，由合作社统一采购物资，社员凭“内部支票”兑换与该支票等值的生产资料。最后，合作社统一销售社员生产的产品之后，按照合作社规定的利息直接扣除社员的借款和利息，剩余部分社员可以自主选择将销售收入存放于合作社，合作社按同期银行定期存款利率向社员支付利息。为确保风险可控，社员申请融入资金和物资的额度，由资金使用评议小组按照社员评级授信等级确定，并对互助金的使用情况跟踪监管。王家岭合作社内部开展资金互助，共同塑造“守信激励、失信惩戒”的信用环境，有效地缓解了社员季节性的生产资金困难、扩大再生产及灾后恢复生产等的资金需求，是解决社员融资难问题的一种有益探索。

7.3.2 社会信任对合作社内资金互助的影响

结合前文对社会信任对合作社内资金互助行为影响的机理分析，这里从集体组织社会信任、理事长社会信任以及普通社员的社会信任三个角度综合解析合作社以及社员社会信任程度及其对资金互助行为的影响。

集体组织社会信任包括合作社的信誉名声和经营能力，其中合作社的声誉用社员“用脚投票”和纠纷事件的发生频数表示。资金互助部成立3年来，合作社没有发生过社员“用脚投票”和经济纠纷事件，无一次违约事件，组织社会信任程度较高。合作社经营能力用合作社成立以来的经营绩效（年收益率）和获得的荣誉表示，王家岭合作社坐落于国家级贫困县沅陵县的贫困村，126户社员中有60户贫困户通过合作社成功脱贫，走向致富的道路。2012年该合作社被评为省级优秀示范合作社，在沅陵县属于“明星”合作社。合作社资金互助部以严格专业化的管理制度支撑社员信贷业务，利用熟人社会建立“制度信任”，强调互惠管理。比如合作社资金互助对每一位社员建立信用档案，收集每个社员的家庭人口、资产状况、年家庭收入、交易量等数据信息编制《社员评级授信档案》，作为社员借款的主要参考依据，既有效缓解了社员借贷过程中信息不对称问题，也规范了借贷行为，鞭策农户培育良好信用意识。

理事长社会信任从个人受教育程度、技术水平、工作能力、资源动员能力、关系网络等方面综合评价。理事长王某中专毕业，早年外出创业，又先后帮扶村里多家贫困户脱贫，是村里的能人，并获得“省党会代表”“县金融诚信模范”等多项荣誉。合作社成立初期，王某作为发起人投入20万元，并联合10户村民合股筹集资金132万元，发展种养循环经济，并向村里有养殖业发展意向的农户无偿提供技术培训、修建养鸡场的资金，吸引他们加入合作社。他秉公办事，一心维护社员利益，社会关系比较广泛（有亲戚朋友在政府部门、金融机构工作），优秀的工作能力以及资源动员能力等决定了他的人际信任高于一般农户。通过实地调研，我们也发现社员对理事长的信任程度更高，近90%社员表示对理事长非常信任。当合作社互助金不能满足部分社员的大额融资需求时，理事长利用自身的信誉为社员向金融机构申请贷款提供担保，并为还贷能力不足的贫困社员增加信贷额度，获得合作社社员的信任和尊重。合作社生产合作中，包括对社员开展养殖技术培训，统一安排生产、防疫，包装储运以及销售、市场谈判等环节，理事长的高社会信任水平是他能够胜任这些管理工作的黏合剂。能人理事长发挥“名人效应”原则，依赖乡土社会的关系交往法则，利用熟人社会的相互信任，联合社员组建了合作社内部资金互助部，王家岭合作社资金互助业务开展3年以来，入股社员从最初11户增加到全体社员126户，至今没有一笔不良贷款，保证了资金互助业务发展的可持续。

普通社员的社会信任从社员个人信用评价和社会关系两方面衡量，包括是否信任合作社、违约发生次数、社员之间的交流频率以及地域跨度综合评价，地域跨度指社员是否来自同一村，有无地域文化、信仰差异。根据对该合作社社员的问卷调查，超过90%的社员表示信任合作社，近年来资金互助的坏账率严格控制在1%以下，社员对合作社的满意度和信任度较高。合作社内部开展资金互助以服务社员为宗旨，通过全体社员的公开投票决定采用“社员评级授信+乡村能人决策”的管理模式，合作社资金互助部2014年建立初期，互助金贷款定价为5%，运行一年后互助金回流受阻的现象频现，合作社理事会成员及时将贷款价格调整至10%~13%，基本与市场价格持平，虽然很多社员对调价有争议，但是最终集体表示信任理事会的决定，2016年以后采用较高利率决定后资金周转率加快，资金使用效率也得到提高，特别是提高贷款定价后，社员实际获得互助金总额度和单个社员申请互助金额度都呈逐步增长趋势，社员实际融资满足程度从2015年的65.51%增长到2016年的72.22%，提高了将近8个百分点。截至2017年底，王家岭合作社社员户均收入近30万元，相比加入合作社之前翻了三番，社员增收效果显著。

从王家岭合作社的集体组织、理事长以及普通社员三个层面分析其社会信任对资金互助行为的影响，发现社会信任是合作社开展资金互助的前提条件与基础，能降低信息不对称，规避风险，促进资金互助有序开展，假设1成立。

7.3.3 关系网络评价及其对资金互助的影响

根据赵剑治和陆铭（2009）、陈雨露和马勇等（2009）、章元和陆铭（2009）、马光荣和杨恩艳（2011）等对农户社会关系网络测度的研究，用社员个人身份、亲友身份（是否有亲友在政府部门或金融机构任职）以及亲友关系等指标综合衡量合作社关系网络的紧密程度，并对王家岭合作社126户社员家庭随机抽取63户进行访问，得出全体社员与资金互助部5位核心社员家庭关系网络的对比描述性分析（见表7-1）。

其中，全体社员的个人身份的均值为0.175，标准差为0.380，意味着全体社员中党员占比不大，社员之间的身份差异较大，而资金互助部5名核心社员个人身份均值为1，全部为党员，且都担任或曾经担任村干部，不存在身份上的差异性；5名核心管理人员的亲友身份和亲友关系明显高于全体社员的平均水平，他们社会关系网络广泛，都有政府部门和金融等相关行业从业的亲友，并交往频繁，且家里单次红白喜事的礼金、礼品收入超过村内平均水平。因合作社种植、养殖业发展合作已有近十年的交情，作为合作社资金互助部的发起人和管理人，构成资金互助部关系网络中强关系的核心成员，社会关系网络优于其他社员，可以说资金互助部是一个具有核心凝聚力的优秀团队。

表 7-1　全体社员与核心社员关系网络对比的描述性统计

<table>
<tr><th>关系网络</th><th>衡量指标</th><th>评价指标描述</th><th>极大值</th><th>极小值</th><th>均值</th><th>标准差</th><th>样本数</th></tr>
<tr><td rowspan="6">社员</td><td rowspan="2">个人身份</td><td rowspan="2">是否干部或者党员（1 = 是；0 = 不是）</td><td rowspan="2">1</td><td rowspan="2">0</td><td>0.175</td><td>0.380</td><td>63</td></tr>
<tr><td>1.000</td><td>0.000</td><td>5</td></tr>
<tr><td rowspan="2">亲友身份</td><td rowspan="2">是否有公务员、金融机构的亲友（1 = 有；0 = 无）</td><td rowspan="2">1</td><td rowspan="2">0</td><td>0.333</td><td>0.471</td><td>63</td></tr>
<tr><td>0.800</td><td>0.400</td><td>5</td></tr>
<tr><td rowspan="2">亲友关系</td><td rowspan="2">礼金、礼品收支数额（1 = 1 万元以下；2 = 1 万 ~3 万元；3 = 4 万 ~6 万元；4 = 7 万 ~9 万元；5 = 10 万元及以上）</td><td rowspan="2">5</td><td rowspan="2">1</td><td>2.857</td><td>1.295</td><td>63</td></tr>
<tr><td>4.200</td><td>0.748</td><td>5</td></tr>
</table>

合作社内资金互助业务有互助金筹集和社员借贷两个流程以及为保证这两个环节顺利进行的风险防范过程。首先，资金互助部以社员自愿入股、合作社盈余以及政府财政补贴等方式筹集互助金；其次，入股社员根据自身产业发展需求提出贷款申请，资金互助部管理人员受理后对其进行资信审核，审核通过后对其发放贷款，到期时社员按时还款。作为内生性金融组织，资金互助部的资金筹集基本来源于本社社员，资金规模有限。社员一般为资金需求型，因为经营产品的同质性导致贷款时间具有较强的季节性，有限的资金如何合理地流动与分配，就需要一个为社员服务的专业团队，对互助资金筹集与借贷环节存在的信用风险、市场风险以及操作风险及时进行防控与治理，使得资金互助业务能够持续稳定发展。根据贝尔宾的团队角色理论，世界上没有完美的人，但存在完美的团队。一个完美团队应该是执行者、协调者、塑造者、创新者、信息者、监督者、协作者、完成者和专业者这九种角色的综合平衡体。由于个体特性的差异，团队成员通过担任不同角色形成优势互补、强而有力的工作团队。

如图 7-4 所示，王家岭合作社资金互助部是一个由 5 名管理人员组成的专业团队。他们均为本村土生土长的村民，在村里担任过各种职务，都是共产党员，社会关系网络资源优于其他普通社员。王家岭合作社将这 5 名核心社员之间的亲缘、地缘及业缘关系融入合作社内资金互助业务中，构建了一个强关系联结的管理团队。其中，理事长王某是资金互助部发起人，最具组织能力和实践经验，主要负责贷款审批工作，具有最终决策权，担任团队中执行者和协调者双重角色；陈某是村里以前的会计，头脑清晰、勤奋有序，善于将目标和决策变为具体任务，负责资金互助社的出纳和稽核工作，属于团队的完成者和专业者；张某大专毕业，熟悉办公软件，负责收集社员交易信息，建立资金互助部信贷评级档案以及其他工作，属于团队的信息者和协作者；杨某年纪较大，具有多年村干部任职经验，威望较高，见证了村内“熟人社会”网络的成长与变迁，对社员的家庭经营和信用状况都比较了解，能协调团队分歧，属于团队的监督者和协调者；而刘某年轻，学习能力强、思维活跃，负责宣传和组织社员活动，属于团队的创新者和塑造者。以理事长王某为首的核心社员构成的管理团队，相比普通社员投入更多的社会资本支持资金互助部的发起和运营，他们对合作社的付出不仅出于经济性目的，更多地出于社会性目的，秉承着人文主义关怀的情怀，励志带动村民脱贫致富。他们因为拥有不同的资源禀赋而发挥各自优势，负责资金互助不同的环节，互相监督、利益相互制衡。他们多年的管理与合作经验构建的内部关系网络因相互叠加、延伸，最终组成“完美”的管理团队，从而达到强化治理、扩大影响、提升资金互助绩效的目的。

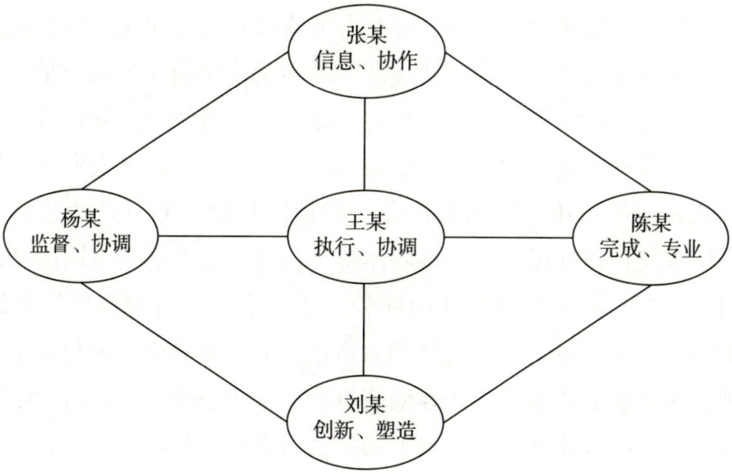

图7-4　合作社资金互助部核心社员“强关系”结构

可见，核心社员占据农民专业合作社所在关系网络中的结构洞，作为联结中介为普通社员搭桥，强化资金互助内部治理、扩大影响，促进社员间资金互助的绩效，假设2成立。

7.4 本章小结

本章基于新经济社会学的结构洞、强弱关系理论，探讨了社员社会信任和关系网络对合作社内资金互助的治理机制和运行绩效的作用，通过构建其作用机理的理论框架，提出了理论假设1：社员的社会信任是合作社内开展资金互助的前提条件与基础，并能降低信息不对称，规避风险，促进资金互助业务有序开展；理论假论2：核心社员占据农民专业合作社关系网络中的结构洞，作为联结中介为普通社员搭桥，能强化资金互助内部治理、扩大影响，从而促进资金互助业务绩效的提升。通过对王家岭合作社内资金互助典型案例的剖析，验证了上述两个理论假设。研究发现，合作社有效依托成员社会信任和关系网络等社会资本优势将其产业链、资金链与信用链紧密结合，通过规模经济和范围经济效应拓展自身盈利空间并为普通社员融资打开了一条新通道。社员社会信任与关系网络两类社会资本相辅相成，对提高合作社内资金互助绩效具有促进作用。建立在社员社会信任机制上关系网络的交叉联合，使具有资源禀赋差异的社员能公平、公正地参与资金互助以社员社会信任为基础构建的内部关系网络使得借贷双方都有激励维持一个健康持续发展的新型农村合作金融组织。王家岭合作社内资金互助成功发展的经验意味着，通过社员“熟人社会”的信用机制、同一产业基础上构建的社会关系网络以及合作社民主管理机制体制，在现行政策规定范围内实现合作金融发展的机制创新，对完善合作社的服务功能，增强农村合作经济组织的“造血”功能和内生发展的动力有重要作用。所以，要保障和促进农村资金互助业务的持续发展，为更多农户解决生产性融资难题，需要探索“以人为本”的办法。加强组织内部信任、构建共同价值追求的关系网络是一条有效途径。

第8章 社员异质性下合作社内资金互助贷款定价分析

组建合作社内资金互助是社员为获得生产性贷款的经济目的而进行的创新，依托合作社开展资金互助，充分发挥合作社的组织优势，实现社员内部资源与资本的高度融合。社员获得信贷资金必须支付利息，这是保障合作资金互助持续发展的财务基础，也是发挥信贷资源配置的核心因素。但是资金互助贷款定价要使合作金融在具有相对优势的商业银行中具有竞争力，才能保持信用合作的社员基础。科学的贷款定价能够保障金融机构的经济收入来源，确保金融机构在激烈的市场竞争中保持有利地位，同时还能有效对冲市场的利率风险（王天赐，2012）。所以有必要探讨合作社内资金互助贷款定价问题。吴占权（2009）针对各种贷款定价方法的优劣，探讨了新型农村金融机构贷款定价应该遵循的原则，认为受农业弱质性影响，新型农村金融机构业务运营成本高，贷款违约风险复杂，贷款定价应就高不就低，并提出政府的贴息贷款优惠政策始终伴随权力寻租，实际效果不理想。但合作社在社员内部组建资金互助平台与一般金融机构不同，其主要内生于农户身边，信息对称，有合作社产业经济作为支撑，不以营利为目的，为社员提供量身定制的信贷服务，主要缓解社员生产性融资约束，这就使得其贷款定价有其自身的独特性。那么在社员异质性参与治理的前提下，合作社内贷款定价该如何决定，是本章要探讨的问题。

8.1 关于农村微型金融的福利主义与制度主义之争

20世纪80年代以来，对微型金融机构（Micro – Finance Institution，MFI）如

何持续地向穷人提供金融服务，学术界由于对益贫性（扶贫）和可持续性两大战略目标重要性的不同认识，即小额信贷机构主要追求服务的广度和深度，还是追求机构自身的盈利和可持续发展，从而滋生出福利主义和制度主义两种不同模式的小额信贷（李明贤、周孟亮，2013）。

福利主义认为作为普惠金融机构的非政府组织（NGO），主要以社会发展为首要目标，采用非商业化模式运作服务穷人，以穷人可承担得起的成本获得金融服务为原则，但将自身的可持续放在次要地位，强调公平。主张给贫困农户提供低利率贷款，强调通过政府资助项目改善穷人的经济和社会地位，因此，政府应该给予提供低利率贷款机构以补贴和扶持，称为“输血式”小额信贷。其代表性机构是孟加拉乡村银行。福利主义的优势是对弱势群体的即期优惠扶持，缺陷是政府支付成本高、效率低下，强势群体侵占弱势群体的利益，容易引发设租寻租。另外，低息贷款会养成农村贫困人口的依赖性，难以实现金融机构的长期可持续发展。

制度主义认为小额信贷机构除了追求服务的广度和深度外，更加强调以商业化可持续发展为首要目标，注重自身的营利性和可持续性。小额信贷机构必须在保证组织和财务可持续发展的前提下再追求服务的广度，强调所得收益弥补全部成本、覆盖风险，注重机构的盈利行为的基础上再为农户提供金融服务。所以，制度主义认为只有利率带来的利润可以有效填补高风险成本、管理成本和机构运营的其他成本，才能更好地为弱势群体提供更优质的服务，所以制度主义认为微型金融机构贷款定价“就高不就低”具有内在合理性，主张以商业市场化运作模式提供信贷服务，也称为“造血式”小额信贷，代表性金融机构是印度尼西亚人民银行乡村部。制度主义的优势是通过利率市场化的手段，实现金融机构可持续发展的目标，但是高利率挤占了对弱势群体的优惠扶持，与普惠金融服务穷人的目标错位。

关于“福利主义”与“制度主义”对小额信贷的不同主张，体现在小额信贷利率定价的差异上，即农民是否能够承受市场化的小额信贷利率，或者市场化的小额信贷利率是否剥削了穷人？杜晓山（2008）认为，不同观点体现了国际上“福利型”和“制度型”两种小额信贷流派的差别。对于处于弱势的农民而言，较高的利率似乎是“不公正”的，但高利率在一定程度上使富人抢夺资金资源、寻租以及腐败的现象减少，真正有金融需求的穷人能借到资金，且“等、靠、要”和“借钱不还”的错误观念也易于改变，经营机构也不会面临亏损，兼顾可持续发展目标；所以，只要利率在穷人可承受的限度之内，就可以使其持续得到有效的金融服务。近年来，中国小额信贷扶贫的实践也证明了穷人可以承受市场利率或高于市场的利率，补贴利率政策可能是穷人进入主流金融市场的主要障碍之一。

从我国各类农村合作金融机构发展实践来看，这两种不同模式已经在逐步融合，既强调可持续发展的制度主义，同样关心改善处于弱势地位农户的经济和社会地位，而注重关心穷人的福利主义也努力通过员工激励和严格财务手段实现财务可持续发展。所以，实现福利主义和制度主义的融合，在保证小额信贷可持续发展的基础上，追求覆盖更多穷人的目标，才是普惠金融追求的目标，也是我国新型农村金融机构建立的使命。

农民专业合作社内贷款定价是开展资金互助业务的核心问题，合理的贷款定价是可以使贷款满足安全性、收益性、流动性的要求，有效覆盖风险成本并制定有市场竞争力的利率价格。农民专业合作社资金互助贷款定价如何决定？从普通社员“大集体”的角度出发，单个农户的承贷能力差，贷款定价越低意味着贷款成本越低，那么普通社员农户出于自身利益最大化考虑，他们达成统一策略的“集体行动”则以低利率为最优策略，但可能忽视低利率定价造成的“挤出效应”会影响单个社员的贷款结果。而从资金互助社管理层的角度出发，合作社内开展资金互助主要是帮助社员解决融资问题，不以营利为目的，资金互助合作主要为追求覆盖更多的成员，解决社员生产生活中遇到的融资难题。以理事会成员为首的核心社员的“小集团”认为互助性的金融机构应该设定贷款低利率，以惠及更多弱势农户。在异质性社员治理下合作社内资金互助的贷款定价则更加复杂，在普通农户和核心社员不同的利益格局下，资金互助定价如何商榷，应该遵循什么原则，下文以湖南省王家岭养鸡专业合作社内贷款定价的两阶段探索发展的实践为例。

8.2 合作社内资金互助定价的案例分析

8.2.1 资金互助定价的前期探索阶段（2014~2015年）

2014年11月，王家岭合作社内组建资金互助部决定在合作社内部开展资金互助业务，以理事会管理层为主的5名核心社员作为一个组织中的“小集体”与全体社员组成126户的“大集体”双方多次交涉，对贷款定价进行了反复的讨论，形成了完全对立的博弈格局。来自基层的社员代表为了使普通社员获得更多优惠，主张福利主义“输血式”低利率贷款模式，认为合作社内资金互助应突出区别于商业银行，不以营利为目的，追求互助性和普惠性，遵循以低利率甚至免息为首要原则，他们认为组织的可持续发展应依靠政府的补贴性贷款政策和其他优惠政策。而以合作社管理层为代表的核心社员，他们更关心组织的持续发展，主张制度主义“造血式”信贷模式，认为低利率的贷款定价只能在发展前期惠及更多底层的弱势农户，但是具有不可持续性，因为在合作社互助资金有限的条件下，资金互助业务能否持续发展必须要考虑成员间的交易成本、讨价还价成本、组织管理成本以及运营成本和其他机会成本。

为破解社员从正规商业银行融资难的现状，降低社员融资成本，契合资金互助社互助合作性质的目标，社员代表通过“异议”维权，合作社最终以少数服从多数的局面结束了“定价之争”，以普通社员组成的大集体的低利率主张“战胜”理事会的高利率主张。合作社决定采用社员代表的公益性主张，强调公平原则、为弱势群体提供即期优惠，采用低利率贷款定价原则，暂定利率为5%，贷款限期3～12个月。而同期当地农信社个人贷款基准利率浮动区间为4.350%～8.628%，其中，只有建档立卡的贫困户才能享受到低于5%的贷款。而民间借贷的贷款利率为10%～12%，且当期农村CPI同比增长1.5%，除去物价上涨指数，资金互助社贷款利率相当于3.5%，低于贫困户优惠贷款政策中的利率价格。另外，相比其他金融机构，依托合作社开展资金互助的交易成本更低，社员向合作社资金互助部申请互助金无需银行要求的抵押品，还具有申请程序简单、地理位置近、审批时间短等独特优势。由于贷款利率偏低，资金互助部运营的第一年，除了预留的10%的风险准备金，400万元的资金池资金全部贷出，获得互助金的部分社员由于贷款成本低，出现了长期占用互助金从事其他非农产业投资或家庭消费的情况。甚至出现个别社员用互助金进行套利的行为，通过申请合作社的互助金，再通过民间借贷渠道，放高利贷给合作社社员以外的人，从中赚取利率差价，导致合作社经常性地出现社员延迟还付本金和资金难以回笼的现象。同时，其他社员的融资申请也不断增加，资金互助部的经营、管理成本超出了可承担的范围，年底结余不足，也取消了合作社“二次盈余”分配和年底分红。由于贷款定价低，互助资金周转受阻，大部分资金锁定在少部分“先下手为强”

的强势社员手中，侵占了其他“落后”的弱势社员的利益，互助资金的使用效率很低，最终也降低了资金互助部的收益率，降低了入股社员的收益率，违背了福利主义主张低利率定价服务所追求的广泛性和普惠性初衷。

8.2.2 资金互助均衡定价的形成（2016 年至今）

偏福利主义追求服务广度的低利率决策表面上尊重普通社员福利的实现，但由于机会主义的存在，反而牺牲了合作社和社员的利益，这种通过社员代表维权实现的定价结果并没有达到帕累托最优。经过一段时间的运作，其缺陷得到了充分的表现。为加快资金的流通与周转率，实现合作社资源共享以及资金互助部的持续稳定发展，2015 年 12 月合作社再次召开社员代表大会，理事会成员通过艰苦的社员的工作和持续的争论，最终驳回了普通社员低利率的主张，决定将贷款利率按市场利率价格灵活调整到 10% ~13%，高于当期农信社的个人贷款利率，虽存在争议，但贷款程序公开公正，并对各个层次的社员一视同仁，企图以与市场利率高定价保证社员还款积极性与紧迫感。执行这一利率政策以来，资金互助部没有一笔不良贷款，并且在还款期限内，社员只要获得销售收益直接从合作社内部转账提前还款，还款积极性很高。资金周转加速，成倍扩大了资金池的资金供应量，基本上破解了合作社社员产业发展的融资难题。2016 年上半年，因为鸡蛋价格不稳定，个别社员存在还款困难的情况，合作社自动延长其还款期，并继续提供互助金帮其渡过难关。如 2016 年 2 月，社员张某向合作社申请期限为半年的 5000 元互助金购买鸡苗，养殖过程中遭遇自然灾害加上蛋价波动导致严重亏损，贷款到期时张某无法还清贷款，合作社资金互助部考虑到他的实际情况，再次向他提供 10000 元互助金购买雏鸡和饲料，直到第二年张某才连本带利还清两次的贷款的本金和利息。

合作社资金互助的贷款定价经过两个阶段的探索实践，最终以理事会成员为主导核心的小集体在组织中发挥作用，拟定契合资金互助发展定位、社员能承担得起的市场利率价格。在提高贷款价格后，资金周转加快、受惠社员范围更广等现象也说明了短期、小额贷款较高利率定价的模式能最大程度提高互助资金使用效率，是保障资金互助业务健康持续发展的有益举措。

8.2.3 资金互助定价均衡结果的生成逻辑

在异质性社员参与管理的背景下，核心社员与普通社员之间利益诉求虽有偏倚，导致双方的决策存在分歧，具有现实合理性，但核心社员站在合作社管理层的角度，总揽大权、不偏私的决策也能实现组织利益次优或者最优的结果。利用奥尔森（2018）的《集体行动的逻辑》中“小集体”的有效性理论，分析案例中异质性社员参与资金互助均衡定价生产的逻辑。一个集体或组织内单个人都是通过成本收益计算追求收益最大化而做出行为选择，但是个体行为最大化的选择不一定是确保集体行动的利益最大化的结果。一个集体或组织存在的目的是为了增进成员共同利益，但是任何一个组织形式都不是由同一、均质的“原子”构成的，组织内部显然也拥有不同于组织共同利益的纯粹个人利益。所以，他认为小集体容易联合起来采取有效行动，提升组织收益，而大集体成员容易搭便车，效率更低。在小集体中，由于成员数目少，单个成员可以得到集体总收益的相当大的份额，这样集体成员就有激励自发、自利地选择提供公共物品。特别地，当小集体中成员有差异且存在核心主导成员时，集体行动更有效率，因为几个核心成员提供公共物品的组织成本小、人均收益高，只要获得的收益大于付出的成本，他们都有激励提供公共物品。

奥尔森“小集体”有效性理论认为，小集体中单个成员为集体利益采取的行动，获得的收益会大于付出的成本，小集体有效性能破解集体行动的困境。从集体行动的逻辑来讲，合作社依托国家的低息贷款和补贴资金等优惠政策开展资金互助业务，本质上也是一种公共物品。第一阶段的合作社内资金互助定价的参与者是社员代表大会的大集体，这时，每一位社员的努力不可能对结果产生多大的影响，不管他对这个问题投入的努力是多少，大集体行动下，会议采取的最终结果对他个人的影响都是大同小异，所以大集体很难采取有效的统一行动，或者采取集体行动的结果是高成本、低回报，案例合作社第一阶段贷款定价的低利率，最终导致合作社遭遇损失。而且，付出的代价和成本的增加最终还是由集体成员共同“买单”，但是因为异质性成员对合作社的贡献以及承担的成本有差异，结果就是核心社员承担的损失和负担的成本要远高于普通农户。此时，参会的人数增加到 126 户全体社员时，每个社员为获得或改进公共物品所作的贡献会越来越小，因此，一般普通社员不会仔细研究资金互助定价的各种结果。结果就是，在第一阶段的集体行动的结果中，核心社员没有得到合理的收益，因此进入资金互助定价集体行动的第二次会议。

贷款定价的第二阶段中，只要核心社员获得的收益稍有提高或者使收益不低于成本，他们都有激励提供公共物品，从合作社整体经济收益的角度作决策。根据亚当·斯密（2016）在《道德情操论》中提出的“同理心原则”（Empathy Principle），即精英成员侵占弱势成员会受“内心公正法官的正义审判”影响，产生自我厌恶感。如果双方的经济状况和社会条件差距越大，那么这种厌恶感就更强。正如合作社中核心社员在做最终决策时，不仅追求自身经济收益，还看重自己的名誉、声望等社会效益，因而也有激励考虑普通社员的经济利益。合作社社员代表大会中存在由 5 名核心社员组成的理事会，他们作为合作社中的精英成员，在经济状况和社会地位上都绝对优于普通农户，在合作社采取入社自由、退社自由以及选择性激励条件的管理下，这个小集体的精英成员就表现出利他利己的二元行为特征，既追求经济收益，又追求声望、名誉等社会收益，利他行为有助于推动合作社走出资金互助低利率决策的失衡陷阱，容易采取有效的集体行动，改善农户合作失灵的困境（刘同山、孙祥智，2015）。

对此，John James（1951）对小集体的有效性也有过研究，在他研究各种公共组织、私人机构的集体行为效率中，“采取集体行动”的样本平均成员为 6.5 人，“不采取集体行动”的样本平均成员为 14 人，他在采访一家银行主任时提出“当你想采取有效集体行动时，委员会人数应该少一点，当你想听取意见时，委员会就该多一点”。正如美国国会和州立法机关的权利，在很大程度上是由小组委员会掌握，而参议院委员会平均成员为 5.4 人，众议院平均成员为 7.8 人，实际干事的人员更少。对此，C. Northcote Parkinson（1957）更是提出“理想的委员会或内阁只要 5 名成员”的轻松幽默却颇有裨益的观点。社会学家 Georg Simmel（1950）指出，相比大集体，小集体更能有效运用他们的资源作出正确的决策和行动，即“具有向心力的小集体总能发掘自身资源并投入使用，而大集体中资源经常是潜在的”。正如案例合作社中，具有直接联系的理事会成员作为合作社的核心成员凝聚力和向心力更强，他们拥有更优越的资源要素和更直接、紧密的社会关系网络，为资金互助部的发起和运营也付出更多的成本和精力，在资金互助均衡定价形成过程中通过“小集体”有效行动理论，发挥重要作用，甚至在合作社内资金互助的行为及其绩效中都发挥着不可替代的作用，这一观点在本书的第 7 章已经论证。

8.3 主要结论

8.3.1 重视合作社内资金互助业务的可持续性

合作社内部信用合作是对农村正规信贷市场服务供给不足的必要补充，是在商业信贷市场之外的一种“微型融资”的途径，是对当地的金融机构（如农商行、农村信用社、邮政储蓄银行等）服务不到位和难以满足的服务的补充。虽然合作社开展资金互助并不是以营利为目的，但我们必须明确，合作社内资金互助并不是福利性机制，需要市场化运作。合作社资金互助部的贷款利率需要弥补内部交易成本、管理成本以及风险成本等组织成本，否则该合作金融组织就失去了可持续发展的财务基础，所以其贷款定价可以稍高于商业银行。另外，资金互助社还存在贷款审批的便利和获得资金的低门槛等，在一定程度上能弥补贷款价格的成本。社员向农民专业合作社内资金互助社申请贷款一般为信用贷款，无需抵押品，且社员基本来自同一生活区域并相互熟稔，因为合作社的产业合作关系形成利益共同体，风险成本更低。贷款的发放以资金互助社管理人员对借贷者家庭情况、收入水平的实际考察和借贷者在合作社的交易量为判断标准，贷款交易时资金互助管理人员需要与每个申请贷款的社员当面交涉，而农户申请贷款一般具有“小额、短期、急切”等特殊性，这也说明合作社内资金互助为社员生产助力的独特性。以合作性、互助性为使命的资金互助社是为了服务更多的农户而产生，但是有限的资金池难以覆盖有资金需求的众多农户，而高利率能最大程度缩短农户的借款周期，加快资金周转，以便服务更多农户。

8.3.2 合作社内资金互助单纯依靠信贷补贴政策不具持续性

补贴性信贷理论是为了惠及负债能力弱的农户，增强他们的贷款能力而设计，农村金融机构通常因为持有信贷补贴项目，更倾向大额借贷、与政府或金融机构关系密切的非贫困者提供低息的资金，这些非贫困者因信贷补贴优惠，可能采取寻租行为获取大额的借贷资金，甚至产生过度的贷款需求，从而使真正需要资金互助的贫困农户受到信贷配给被排斥在金融服务之外，最终偏离信贷补贴目标，导致市场扭曲，效果不彰（贝多广，2017）。从我国农村信用社“去合作”化，到转型为商业银行、银监会批准的资金互助社止步于 49 家等事实表明了以政府补贴、捐赠机构补贴的优惠信贷项目或政策，以不可持续的低利率向穷人提供信贷，却往往效率低下甚至无法经营，最终难以向目标群体长期提供金融服务。合作社的成立是大户联合小户追求潜在利润的过程，潜在利润既包括合作社运营过程中的持续性收益，也包括非经常性的政府补助、税费减免等政策性收益，当对后者的追求超过前者时，就在一定程度上解释了所谓“空壳社”及“假合作社”存在的原因（潘劲，2011）。合作社内部开展资金互助或者建立独立的资金互助社，如果以政府的贴息政策或补贴性贷款等手段为后盾，那么合作社产业发展一旦因农产品的弱质性或市场供求关系影响到社员持续性收益时，那么内部的资金互助就失去了其合作性、互助性的意义，也可能变成套取国家资金的“伪信用合作”。所以，信贷补贴政策在资金互助运行前期对合作社的发展来说是很好的“助推器”，但是持续的贴息或者补贴性贷款会造成大量资金聚集到生产效率低的社员手中或者大量资金被一些强势的社员大户占据，这些现象最终导致资金互助不具有持续性。

8.3.3 具有实际融资需求的农户能够承担较高的市场利率

人民普遍认为作为弱势群体的农户没有能力承担较高的市场利率，从而主张农户融资必须实行低利率，这种认识往往来源于错误地把社会平均利率等同于边际投资回报率，而农户借贷的特殊性在于贷款额度小，与其收入流和总经营成本相比较，资金互助社的利率成本占比并不大。王家岭蛋鸡养殖专业合作社资金互助的社员，因为缺乏正规金融机构要求的抵押物或者担保人而被其拒之门外，所以，在农户能够承担的成本范围之内，他们通常更多考虑是否能持续地获得贷款，而不是贷款的实际成本。否则，其生产经营将无法进行，收入来源将无法保证。与民间借贷相比，合作社内资金互助贷款定价 10% 基本与市场利率持平，并不算高。本章的案例分析也验证了当贷款成本在农户能够承担的能力范围之内时，底层农户可以负担较高利率，短期、高频、低额的借款依托农业生产经营的周期可以做到正常还贷。高偿还率与重复借款也证实了社员从资金互助社的高息信贷中能获得正向收益。如若不然，社员无法承担的高利率总会通过违约率而体现出来。古人云“授人以鱼，不如授人以渔”，给农户提供金融服务时，重在提升“打鱼”的本领，“造血”功能的培养，所以社员能否负担较高利率终归是由农户产业生产经营的能力以及合作社带动农户的增收情况决定。

8.4 本章小结

本章分析了福利主义和制度主义对小微金融机构贷款定价的不同观点，在益贫性和可持续性双重矛盾下，贷款定价如何决策是小微金融机构必须面对的问题。以王家岭合作社贷款定价的发展实践为例，关于贷款定价形成以合作社全体成员构成的大集体和几位核心管理成员构成的小集体的对峙局面。合作社关于贷款定价的第一次“大集体”会议结果决定采取福利主义主张的低利率价格，结果导致信贷资金创造的收益无法弥补管理成本、交易成本和违约风险带来的利益损失以及借款人长期占用互助资金，阻碍资金的流动和周转，有违合作社互助性的基本原则。在几位核心管理成员的领导下，召开了第二次贷款定价会议，最终决定采取市场利率价格，虽然较高利率可能迫使潜在客户承担信贷成本增加，但社员向资金互助部申请借贷，社员以“信用抵押品”替代了其他金融机构要求的物质抵押品，弥补了农户缺乏信贷抵押品的不足，并且以农产品统一出售的销售额作为还本付息的支撑，合作社基本不会流失这些特定的客户群体。最终，以理事长为核心的理事会成员的小集体在贷款定价会议中，发挥小集体有效性作用，打破了大集体行动无效的陷阱，采取较高的市场利率价格是合作社内资金互助可持续性和益贫性共存的优势路径。

社员异质性下合作社内开展资金互助尚在发展初期阶段，合作社内部成员的利益诉求和行为决策呈分割状态，具有一定的现实合理性。正如第 4 章构建的完全且完美动态博弈模型的均衡分析结果，降低贷款利率是异质性社员参与资金互助的条件，虽符合王家岭合作社内资金互助的贷款定价发展的第一阶段，低利率确实能保证贷款的深度，让承贷能力不足的农户也享受到低成本贷款服务，但是低利率定价难以保证资金互助的可持续性发展在实践中得以体现。通过对合作社贷款利率定价的第二阶段定价分析发现，在考虑资金互助规模及社员异质性结构下，合作社内部资金互助产生的组织成本和交易成本是贷款价格需要覆盖的部分，科学合理的贷款价格就成为了资金互助持续均衡的必要条件。这一分析结果验证了第 4 章建立的异质性社员参与资金互助的伯特兰德博弈模型，将社员参与资金互助的组织成本和交易成本控制在某一范围，是保持资金互助持续发展的稳定机制，因此，制定一个能覆盖这些成本的贷款价格就显得格外重要。

第9章　国内外经典合作社内信用合作发展经验及启示

自1849年德国人雷发巽创建第一家农村合作金融机构以来，信用合作运动经过160多年的发展探索，农村合作金融已经成为一些国家农村金融体系重要的组成部分，与我国类似的日本、韩国，其早期的综合农协从一开始就设立信贷业务部门，隶属于综合合作社内部，合作社各部门与信用业务部门相互融合、相互补充，这些国家的农业合作组织历经数代，却仍旧在促进农村经济发展、农民增收等方面发挥着举足轻重的作用。德国、日本、韩国的合作社是以吸纳农户为组织成员，遵循互助合作的基本原则，以乡镇为服务范围，为成员提供生产、加工、购销、信用、文化、教育以及福利业务等综合服务的基层农民合作组织（杨团、孙炳耀，2013）。这些组织开展内部信用合作也有着悠久的历史，并先后形成了各具特色、制度规范和系统完备的农村合作金融体系，对国家实体经济的发展有促进作用。日本、韩国与我国有着相似的文化传统、农业经营模式及社会结构，研究他们农村合作金融发展的特点和经验，对我国农民专业合作社内发展资金互助具有重要的指导意义和借鉴意义。本章通过介绍世界合作金融的发源地德国，与我国农业发展结构相似的日本、韩国以及我国台湾地区的农民合作组织内部开展信用合作的成功经验，及其应对成员异质性的措施，总结借鉴他人经验，反思我国农民专业合作社内部开展资金互助的现实障碍和制约因素，为我国农村合作金融的健康发展提供理论参考。

9.1 国外发展经验

9.1.1 日本农协及其信用合作发展实践

9.1.1.1 日本农协及其信用合作业务

第一次世界大战以后，日本国内超过半数人口从事农业生产，且多数农民均为无耕地的贫农，农村社会经济发展萎靡不振，日本政府为快速恢复国内的萧条场景，精心成立了别具特色的日本农业协同组合（以下简称日本农协）。日本农协是农民自愿联合、自成体系，且遍布全国各大乡镇以及偏远农村地带的综合性互助经济组织，提供的服务几乎涵盖了农村生产、生活相关的各个领域，包括生产经营指导、生产生活资料购买与农产品销售、金融保险服务以及健康医疗福利等各项服务。经过战后几十年的快速发展，日本农协已经成为世界上发展最成功的合作组织形式之一，对推动日本农业生产发展、提高农民福利、增加农民收入具有举足轻重的作用。在世界合作经济领域形成了独具特色的“东亚模式”的典范，韩国、印度、泰国深受其发展的影响。

日本综合农协是日本农协的一种，是唯一可以从事农村信贷业务的农村合作经济组织，农协各部门持续发展的核心动力来源于信用合作业务的支持。全日本基层农协的信用组织有4500多家，支部11000多家，办事处22000家，事务所4800家，全日本超过90%的农民选择加入农协组织。日本农协一直遵循“需求追随型”发展战略深入农户，其信贷业务坚持只为会员服务，即农民和与农业相关的生产者或企业，经营业务以满足农协会员的信贷需求为主，根据会员在农业发展不同阶段对资金需求的不同特点，按期限、金额以及用途等不同提供多样化的金融产品，无须抵押担保、不以营利为目的（刘洁、张洁，2013）。截至2015年末，农协信用事业部吸纳社员存款95万亿日元，仅次于日本邮政集团银行、三菱东京UFJ银行、三井住友银行以及瑞穗银行，在全日本存款类金融机构中排名第五。日本农协信用合作部门在支撑日本现代农业的快速发展、改善民生、促进经济发展等方面作出了重大贡献。农村合作金融体系是依附农协而存在的一个子系统，也是具有独立融资功能的合作金融组织。日本农协合作金融体系相当严密，共三个层次（见图9－1）：基层农协信用部、中层信用农业协同组合联合会（简称信农联）以及最高层全国农林中央金库。农民、其他居民以及一些社会团体入股加入基层农协，基层农协入股加入各类农业协同联合会，农协联合会再入股加入农林中央金库。

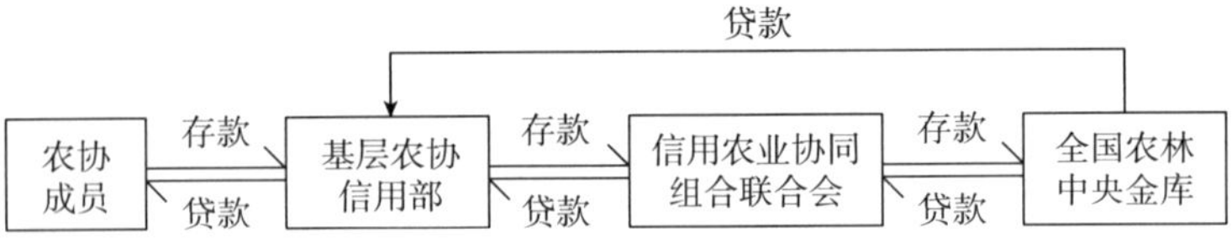

图9－1　日本农村合作金融体系

基层农协信用部：基层农协是直接面对农协成员的基层金融服务机构，由农户和社区其他居民入股组成，包括信用部门和其他服务部门。基层农协以独立于商业银行的方式开展信贷业务，不以营利为目的，主要是用社员投入农协的闲散资金和政府拨下的优惠资金，为社员提供存贷款、办理结算以及系统内“上存下借”等业务。为克服传统农户分散、兼营的特点，基层农协以农村社区为单位，充分利用社区信息对称、区域垄断性的优势，帮助社员实现农产品销售、供应、购买农资、仓储运输、生活、文化等各类服务，交易成本更低。

信用农业协同组合联合会（信农联）：信农联是日本农村合作金融体系的中层金融机构，是连接基层农协信用部和全国农林中央金库的桥梁，起承上启下的作用。主要职能是吸收基层农协的盈余资金，再发放给有农、林、渔业等资金需求的基层农协，通过存贷款业务调节基层农协信贷资金的余缺，并指导基层农协的工作。信农联自身的资金调剂则通过全国农林中央金库。

全国农林中央金库：全国农林中央金库是日本农协信用体系的最高层，相当于合作金融系统的“总行”，资金来源于信农联的上存资金和国家批准发行的涉农贷款和农村债券。主要职能是在全国范围内调节信农联的资金活动，支持信农联的资金需求，并向信农联提供信息咨询、运营管理等指导工作，并严格按照国家法令运营资金融通、清算等其他业务，也向生产化肥、农机具的涉农大型企业发放贷款。

9.1.1.2　日本农协信用部成员异质化及其应对措施

第二次世界大战以后，日本政府在财政上直接给予了大量补贴，组建了基层农协、县级联合会和中央联合会。但是，战后日本农村遭遇严重的灾荒，农民深陷于战争带来的痛苦之中，合作意识普遍不强，农协基本止于挂牌形式，没有实质性的内容，一切处于百废待兴的状态。到20世纪50年代后期，农业生产开始连年增长，农业结构开始发生分化，农业兼业户、专业户开始出现，各级农协发展趋于稳定；直到20世纪70年代以后，国内工业经济迅速发展，工业劳动力迅速转移，农协受到影响，农业兼业户大量涌现，专业大户从之前的小农中迅速剥离出来，各级农协基本形成以“普通农户+兼业农户+专业大户”构成的格局，非农户成员比重迅速增加（阮蔚，2006）。特别是进入21世纪以后，日本经济以自由化和全球化为主，日本农协逐步向综合化、规模化方向发展，为农协生存与发展带来了新的挑战和问题。农协经营出现脱农化和企业化的发展趋势，从事一些非农化的信贷业务。同时，农协内部也出现了会员异质化、组织官僚化等问题。为进一步避免离农化、异质化等问题，提高为农户提供生产、生活服务等各项事业的经济效益，日本政府从组织机构、业务范围等方面采取了一些积极的应对措施。

第一，加速合并基层农协，扩大规模经营。20世纪70年代以后，日本伴随着农业内外环境的深刻变化，农村大量青年劳动力流失，农村经济发展遭遇后劲不足的威胁，日本政府开始对农协实施改革，将原来的市町村—都道府县—国家三级组织改为二级组织，将都道府县联合会合并到中央联合会，加速基层农协合并，扩大自身规模。日本全国基层综合农协从1961年的12050家合并为1990年的3574家，缩减了70.34%，平均一个基层农协的成员人数从628户增加到2397户，扩大了2.82倍；截至2016年10月，日本的基层综合农协已缩减至654家，缩减了81.7%（刘松涛、王林萍，2018）。合并后的基层农协，规模扩大，机构精简，提高了农户的组织化程度，避免了因成员异质化导致的市场竞争力低、农业劳动力不足等问题。

第二，采取股份制办法，放松资本报酬的限制。为防止先富裕起来的日本农协会员凭借雄厚资本获得更高的利息收入，造成大农侵占小农利益的失衡局面，所以日本政府规定，农协会员投入合作社股金的利息不得高于商业银行，有些规定免息吸纳社员股金。这一举措在很大程度上避免了社员异质化程度的加深，但是低息或者免息政策又限制了合作社股金的筹集，导致农村资金流向城市。所以日本农协开始实行股份制改革办法，公开发行股票，保障农业资本大户的合法收益权和所有权。日本农协同时也规定，为了保持合作社的合作行为，对采取股份制合作社的股息和单个股金有上限规定，股息不得超过 8%，单个社员拥有股金不能超过总股金的 20%；另外，为了保持合作社的民主治理机制，将合作社股分成 A 股、B 股两类，社员入股称为 A 股，保留社员参与合作社其他各项业务的表决权和监督权，非社员入股为准社员股，称为 B 股，利息可高于合作社社员投入的股金利息，但是准社员没有表决权和享受其他业务的权利。

9.1.1.3　日本农协信用合作成功发展的经验

第一，三级体系，双层经营。日本农村合作金融是以市町村、都道府县、中央的三级行政区划为层次的体系，这三级层次分别对应基层农协、信农联合和全国中央金库。三级组织自下而上地参股，自上而下提供服务发放贷款，均为独立核算、自主经营的法人经济实体，只有经济业务上的往来，不存在行政上的隶属关系，职能上各个主体互相配合，为农村合作金融机构提供动力机制。且为了防止农协组织非农化经营，也为了提高组织竞争力，日本一直都在大力合并农协组织，精简二级中间机构，实行双层经营体制，降低组织成本和运营管理成本。从结构上看，最高层的全国农林中央金库以盈利为主的资本化商业运作，坚持基层农协的信用合作按照社员相互扶持、封闭运行的保本微利的原则运行，形成最高层全国农林中央金库与基层农协分工协调发展，联系密切、彼此补充。

第二，健全的风险防范制度。日本建立了完备的风险防范制度保证农协信贷业务的稳定运行，主要包括农村存款保险制度、信用保险制度、农业信用保证保险制度、农业灾害补偿制度以及相互援助制度等（李富有、冯平涛，2005）。其中，日本的农村信用保险制度基本普及全国，对有贷款需求但没达到贷款条件的农协会员，只需向信用基金保险协会缴纳申请贷款额的 0.21% ~0.70% 的保险金，即可获得贷款资格。如贷款人到期无法偿还贷款，其债权将转到信用基金保险协会，保险协会可代为偿还，这就保证了所有从事农业生产的农协会员都能获得贷款支持。投保金额标准低于商业保险，且除去成本的保险经营利润 100% 返还给保险参加者，确保合作保险业务的非营利性。

第三，政府强有力的支持。与其他强强联合的金融机构不同，依托农协组建的信贷业务部门基本上是弱势群体在经济上的联合，服务对象一般为普通农户、小生产者，信贷部门承担的风险更大，所以日本政府一直以来给予极大的支持和保护。农协组建初期规定的存款利率高于一般商业银行，以便农协吸纳更多的存款，促进信贷业务的发展，而贷款方面的利率规定又比一般商业银行具有更多的优惠；直到 20 世纪 70 年代，农协发展趋于稳定，信贷业务成为农协的主要盈利部门，但是为了防止资本雄厚的社员利用高额资本赚取利润，挤占小农户的利益，政府又支持农协信贷部门进行股份制改革，并降低社员的存款利率，既在一定程度上控制了社员的进一步分化，又拓宽了农协信贷资金的来源渠道；在农资购置方面，为了给农户提供有效的金融产品和服务，政府直接出资通过农协购买一些重要农产品或农机具等，经农协支付给农民，对不需要农机具的农户则直接划转资金到其在农协成员存款账户。

第四，完善的法律法规体系。为了保持农村金融法制的稳定性与连续性，日本政府对不同类型的合作金融组织及其信贷业务都颁布了对应的法律法规，形成健全的农村合作金融法律体系如表9－1所示，这是农协开展信贷业务健康发展必不可少的外部环境。如1949年颁布的《中小企业合作法》中第八条第四点对信用合作社的社员资格做了详细规定："信用合作社之社员资格应以合作社之业务区域内从事商、工、矿、运输、服务等业务及其其他事业的小规模事业者及合作社之区域内有住所、居所或在合作社之区域从事劳动者。"2009年1月23日，日本政府再次强调立法规定任何公司法人不得进入"三农"领域，"三农"领域的所有盈余都属于农民合作组织和农民所有，有效保证了农户的权益不受侵占。其中，《农业协同组合法》和《农林中央金库法》是两部综合性的农村合作金融法律，对农协信贷业务的经营范围、经营模式、监督管理及权限等内容都作了详细规定，农协信用合作业务有法可依、有章可循，避免了经营风险和监管漏洞。

表9－1 日本合作金融的法令法规

农村合作金融机构	基准法令
农业协同组织	农业协同组合法
金融合作社、信用中央金库	信用金库法
信用合作社、全国信用合作社联合会	中小企业合作法
劳动金库、劳动金库联合会	劳动金库法
农林中央金库	农林中央金库法
农、渔业信用合作社联合会	农、渔业合作法

9.1.2 韩国农协及其信用合作发展实践

9.1.2.1 韩国农协及其信用合作业务

韩国农协的创建与发展都深受日本农协的影响，属于"日本模式"，由政府自上而下创立。1957 年，韩国颁布了《农业协同组合法》，依法成立了韩国第一个全国性的农协组织——全国农协中央会。1961 年，朴正熙政府颁布新的《农业协同法》，成立韩国综合农协组织，并将农业银行并入农协中央会，成为综合农协内部的一个信贷部门，把基层农协打造成韩国农村金融最重要的信贷机构，这是韩国农村合作金融发展的历史转折点。此后，农协合作信贷联盟不断发展壮大，成为农业银行的主要组成部分。1976 年，韩国农协组织基本普及全国，农协内部合作信贷联盟迅速发展，成为农协部门中盈利能力最强的部门，支撑农协其他部门的运行和发展，并为韩国农协会员的社会事业和流通事业提供资金。到 20 世纪 90 年代，随着全球经济自由化、多元化发展，韩国农协也进入多功能发展阶段，成为国内影响力和综合实力最强的农民合作经济组织（杨团、孙炳耀，2013）。在国际上，也得到了世界合作组织的高度认可，根据 2014 年世界 300 强合作社的排名，韩国农协位居第九（河北省供销社赴韩考察团，2014）。截至 2015 年 11 月，韩国共有基层农协 1134 家，各类专业农协 99 家，综合农协 1035 家。韩国共有农民 284.7 万人，加入各类农协的社员达 231.4 万，占全国农民的 81.3%。

农协信贷部作为韩国农村唯一的金融机构，其农协银行和合作金融网点达到了 6500 多家，是韩国金融机构营业网点最多的组织，基本覆盖了韩国所有农村地区包括农村偏远地区，80% 的农户都加入了农协信贷部，覆盖了政府发放农业低息贷款的 92%（管爱国，1994）。农协信贷部提供的贷款利率一般为 8% ~ 15%，而韩国私人借贷机构的贷款利率高达 50% ~ 60%，甚至更高（石磊，2005）。韩国一直以来都将信贷业务与农协组织紧密结合，是韩国农协的一大特色。韩国没有设置商业性农业银行，基本由农协中央会及基层农协代办政府对农村的所有资金支持，所以，农协信用合作兼具政策金融属性。韩国农协信贷体系是依附农协组织而存在的一个子系统，严密且精简，主要分为两个层次（见图 9 -2）：基层农协信用部与农协中央会信用组织。农民、其他居民以及一些社会团体入股加入基层农协信用部，基层农协信用部自愿入股加入农协中央会信用组织。二级组织自下而上地参股，自上而下提供贷款及其他信用服务，均为独立核算，只有经济业务上的往来，不存在领导与被领导的关系，职能上互相配合，为韩国综合农协和专业农协发展提供动力机制。

基层农协信用部：农协中央会设有互助金融部和基层农协信用业务部，基层农协信用业务部以合作金融业务为主，主要为农、渔、畜等基层农协组织成员提供信用和保险等金融服务，缓解成员农业生产和日常所需资金的融资约束压力。农协信用部吸收成员的存款，存款利率高于一般商业银行0.5%～2%，并为成员提供低于一般商业银行利率的生产所需贷款、结算等服务。基层农协提供的信贷业务具有申请贷款简便、零星小额等特点，且贷款对象只限定在农协成员之间，保证风险可控。除此之外，基层农协信贷部门还能利用信贷和银行业务的盈利弥补供应会员农业生产资料和推销农副产品带来的亏损。

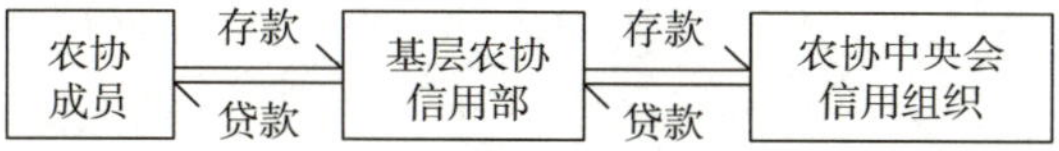

图9－2　韩国农村合作金融体系

农协中央会信用组织：农协中央信用组织是韩国唯一的掌管基层农协的中央会，是农协信贷体系的最高层，由银行信用机构与合作信用机构构成，负责调剂各基层综合农协的信用资金余缺，并通过所属市支部开展一般信贷业务。自2012年开始，韩国开始实施“一个中央会，两个控股公司”的新制度，从中央会中分离出农协经济控股公司和农协金融控股公司，都隶属于一个中央会（申龙均、韩忠富，2014）。农协经济控股公司主要负责流通、饲料、物流等业务，农协金融控股公司主要负责银行业、保险、证券、期货、资产经营等方面的业务，两个控股公司囊括农协的经济与金融所有业务，使农协的经济业务与金融业务分工合作又相互补充。

9.1.2.2　韩国农协信用部成员异质化及其应对措施

韩国农协合作金融机构成员异质化分为两个方面：一方面，成员阶层不同，官民分化现象严重。韩国农协信用部门不仅为农协会员提供融资服务，还承担了一部分政策性金融业务，导致韩国农村金融体系具有极强的政治色彩。农协自建立起便一直热衷于扮演“政府代理人”的角色，农协的高管基本也是政府直接任命，一些农协高管运用政治手段，通过协会采取不正当手段赚取高额利润，在很大程度上侵占了农民的利益，如向农户提供贷款要给官员5%～10%的回扣，很长一段时间内农协组织官民分化、组织涣散。另一方面，韩国已经提前进入老龄化阶段，导致了成员分层。2014年，韩国农村老龄化率已经达到39.1%，且从事农业生产人数由1970年的1442万人减少到2014年的275万人，降低了

71%（崔桂莲，2016）。农业各类生产要素逐渐向经济发达地区转移，对农业生产、农产品的销售和流通都产生了一定的负面影响。自20世纪70年代以来，韩国进入经济高速发展阶段，非农化和城市化进程为农户提供很多就业机会，农协系统开始受到影响。面对农协成员的异化现象，韩国政府采取了一些积极的应对举措。

第一，弱化政府角色，强化农协信贷部门成为农民利益“代言人”的角色。事实上，韩国农协经历了从一个以盈利为导向的、腐败的合作经济组织，到目前以服务农民为目的、清廉的、取得快速发展进步的互助性经济组织发展的过程，其完善的组织制度和适时的改制举措是关键。其一，20世纪70年代，农协系统开展了一场成功的反腐败运动，提升了农协组织在农民心目中的信任和影响力。其二，农协组织进行组织重构和业务调整，2012年，按照所有权与经营权相分离的原则，韩国农协中央会出资新成立了农协经济股份公司和农协金融股份公司，将农协的经济业务与金融业务独立运行，实现双层经营体制创新，在保持合作社基本属性的基础上实行企业化经营。而农协中央会还是保留对农协会员开展合作金融业务，一方面提升了农协银行的市场竞争力，让一部分资金充足、已入股的农协会员分享更多的资本收益；另一方面让农协中央会更加专注为农业、农村经济服务，继续为弱势农户提供优惠的金融服务。

第二，灵活地采取区别对待的农业组合政策。农协信用部门在应对不断变化的市场环境中始终保持竞争力和盈利能力，在很大程度上是依靠韩国发达的农业政策的积极引导。韩国政府根据农产品特性和成员的年龄差异，灵活地采取各种农业信贷组合政策，确保不同类型农户的收入稳定（农业部政法司赴韩国考察团，1999）。将经营产品异质性的农户会员分为两类，分别配套优惠信贷政策，对于从事种植业的普通农户，采取“提高农产品收购价+延长贷款周期+降低农业贷款利率+加大基础设施投入+降低医疗保险费用”的政策组合与实施顺序；对于从事畜牧业、园艺经营的农户，考虑到投入高、借贷比例高、周期长的特点，采用“延长贷款周期+提高农产品收购价+实行最低保护价+降低农业贷款利率+提供经营资金支持”的政策组合和实施顺序。对于年龄异质性的农户会员，50岁以下的农户，主要是以激发他们生产经营的信心和积极性，采用的政策组合的顺序为“延长贷款周期+最低保护价制度+降低贷款利率+提供经营资金支持+提高农产品收购价”；50岁以上的农户，主要帮助他们获得即时收益，采取的政策顺序及组合是“提高农产品收购价格+延长贷款周期+降低贷款利率+最低保护价制度+提供经营资金支持”。

9.1.2.3 韩国农协信用合作发展经验

经历了半个多世纪的发展，韩国农协合作金融日趋成熟，对韩国农协甚至整个韩国经济的发展壮大具有重要的支撑作用。韩国农协组织的收入主要来源于农协信用合作部，这些收益再反哺给农协其他部门，用于支援农业生产指导、农产品流通、运销以及为低收入农户提供金融支援。截至2014年底，韩国农协信用合作部的存款达到245兆韩元，加上农协银行的存款大约有400兆韩元，将近占据整个韩国金融界50%的资金。

第一，政策扶持发挥直接作用。韩国同属中南亚国家，但是与日本有所不同，韩国农村合作金融的发展离不开政府各个时期政策的支持和引导。韩国政府根据农协各个发展阶段的变化，积极完善法律规章制度，如韩国《农业协同组合法》自1957年成立，面对不同发展阶段，经过5次修订，每次修订都对农协的性质、资金来源与运作以及违反法律法规的惩处都进行了明确的规定（周静、牛亚丽、闫磊，2014）。政府的政策尤其扶持农协以资金互助模式开展的合作金融事业，如提供的税收减免政策和利率优惠政策，韩国政府推行农协信贷部门贷款利差保全政策，并规定对农协信贷存款2000万韩元以内的利息所得税全部减免，提高农民申请低息贷款的效率；为鼓励农民和小微企业向农协信用部存款，规定其储蓄年息高于一般商业银行2%~3%，这些举措有效遏制了农村高利贷市场的发展和扩张。韩国政府从最初扶持农协信贷部门的建立，到后来实施的利率改革政策和税收优惠政策，引导农协信用事业从农协的一个部门发展到现在独立的金融控股机构。

第二，健全的风险防范体系。韩国政府建立了各项保护性基金组织维护农村合作金融的发展。1972年设立的农林水产业从业人员保证基金，为一些个人信用度低而无法从金融机构得到贷款的农林水产业从业人员提供信用保证，信用保证基金为农协会员贷款提供担保，很大程度上降低了农协贷款的经营风险（金旭、李春姬、刘畅，2016）。此外，韩国政府建立信用合作援助基金，允许基层农协根据贷款风险程度自主建立呆账准备金，并给基层农协配套同等数量的风险准备金。自1997年金融危机后，为保护农协储户存款的安全性与稳定性，韩国政府资助农协设立了存款保险基金，可保护5000万韩元以内的存款额度。政府建立的各类风险防范组织不仅提高了农协信用合作的程度，而且维护了农协组织以及会员的利益，促进了农协的发展。

9.1.3 德国合作金融发展实践

9.1.3.1 德国合作社及信用合作业务

德国是世界上最早建立农村金融制度的国家，也是世界上农业信用合作的发源地。德国赖夫艾森（Raiffeisen）农村信用合作社是世界上最早出现的农村信用合作社，赖夫艾森也是德国作为信用合作发源地最重要的贡献者之一。赖夫艾森农村信用合作社的名字来源于它的创始人赖夫艾森（Friedrch Raiffeisen）的名字。从1854年起，他创立首家农村信用社，主要为农民提供信贷服务，以帮助其摆脱高利贷盘剥及在遭受农业灾害后恢复生产。1871年德国颁布《产业及经济合作社法》并实施，这是世界上第一部关于合作社的专门法律。1876年，各地的信用合作联合社组成信用社的中央机构，称为德国赖夫艾森合作社总联合会，也就是今天的赖夫艾森合作银行。德国的现代合作金融业就是在莱夫艾森银行和舒尔茨·德利奇在城市领域兴办的工商业合作社大众银行基础上发展起来的（何广文，1995）。1895年德国中央合作银行成立，并建立德国合作社协会。德国的合作金融组织在合作社系统和银行体系中占有相当重要的地位，合作金融模式也成为了德国农村金融体系的主体。

德国目前已经形成遍布各个城乡的合作金融组织网络和健全的合作金融管理体制，拥有欧洲最大的、极具特色的合作银行系统。德国合作金融机构体系拥有1家中央合作银行、3家区域性合作银行、2500家地方合作银行、18700个分支机构及营业网点和1460万个体社员。德国的农业在整个国民经济中的地位并不高，德国农业就业人数只占社会就业总人数的2.4%，农村生产总值仅占全国GDP的1.02%，但农村贷款占全部金融机构贷款总额的比重达2.5%，其中合作金融机构提供农业贷款的数额占全国银行农业贷款的40%以上。合作金融机构坚持以中长期贷款为主，合作金融机构提供的农业中长期贷款占农业贷款总额的70%以上。截至2017年末，德国合作银行资产总额达5373亿美元，实现营业收入326亿美元，是德国国内的第二大银行集团。美国金融杂志《环球金融》2016年公布的全球最安全50家商业银行排行榜中，德国中央合作银行位居第二。

从组织构架上来看，德国合作金融体系已形成一个典型的三层金字塔结构，从低层到高层分别为地方性基层农村信用合作社（舒尔茨信用合作社和雷发巽农业信用合作社）、地区中心合作银行（GZB银行、SGZ银行和WSZ银行）以及德国中央合作银行，各层机构都是独立法人，形成以地方性基层农村信用社为基石、地区中心合作银行为主要躯干、德国中央合作银行为龙头的完善的现代合作金融体系。在德国农村合作金融系统中，基层信用合作社和合作银行入股区域性合作银行，区域性合作银行再入股中央合作银行，各层机构均是拥有独立企业法人资格的金融机构，经营具备自主性，而经营所产生的盈利或亏损均需独立核算。这种“自下而上”的逐级入股模式和“自上而下”的服务与管理模式构成了德国较为完整的农村合作金融组织体系。在这个组织体系下，德国始终坚持合作制原则，并呈现出典型的单元金字塔模式，各层级之间并没有明显的隶属关系，自上而下提供服务实现经济上的联合，各层次间自下而上地持股，下一层合作银行持有上一层合作银行的股份，形成一个资产联合的股份合作制金融体系（见图9－3）：

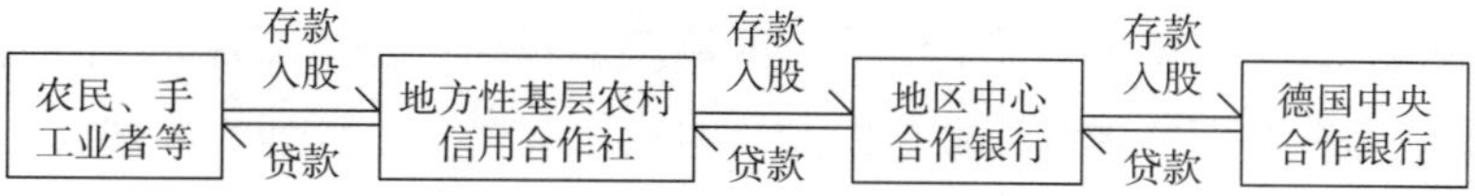

图 9－3　德国合作金融体系

地方性基层农村信用合作社：农村信用合作社和合作银行是德国农村合作金融系统最底层组织，也是该系统的核心。德国农村合作金融最底层的地方性信用合作社遍及城乡各地，并且分布范围较广，全国共有 2500 家，资金主要由农民、城市居民、个体私营企业、合作社业和其他中小企业入股组成，由入股股东拥有，同时股东也是合作银行的主要客户，合作社坚持以服务“三农”为主，为农业、农民、农村经济和城镇个体私营企业提供贷款和各类金融服务。在管理上凸显民主性，所落实的管理决策为一人一票，少数服从多数形式。监事会、理事会成员主要通过社员选举的方式推选出来，而前者在工作中主要负责监督管理工作，面向内部全体职员展开；理事会职员在日常工作中所需落实的工作为招聘专人负责业务经营。农村信用社的客户群主要是农村经济领域，目前，随着业务的拓展，对入股的农户、小农场主等股东陆续开展了结算业务、信用卡业务、证券业务、代理业务以及代办保险等业务，逐渐形成了能与城市商业银行相媲美的综合性农村金融组织。

地区中心合作银行：区域性中心合作银行是中间组织，由三家区域性合作银行组成，分别是德南中心合作银行、德西中心合作银行和斯图加特中心合作银行。主要服务于基层信用合作社和合作银行，其职能是保存基层组织的存款准备金，解决基层信用合作社和合作银行资金不足的问题，同时协调基本信用合作社和合作银行与中央合作银行之间的交流及其他融资活动。当基层地方合作银行在经营运作上留有大量闲置资金时，则可投入到地区合作银行，若基层地方合作银行在日常经营运作时存在资金周转不灵的情况，则可通过地方合作银行获得资金支持。如德国合作银行下属的德西、德南和斯图加特三家合作银行，德国区域性中心合作银行的功能类似于储蓄银行业的汇划中心，其资金来源主要是所辖信用社的存款，同时它也通过长期信贷方式向中央合作银行进行再融资，它也是信用合作社的再融资源泉。从这个角度讲，区域性中心合作银行在信用合作部门起着一个融资和流动性（支付能力）调剂中心的作用。

德国中央合作银行：中央合作银行的前身是1895年在柏林成立的普鲁士中央合作银行（普鲁士银行），目前约有5000多名员工，是德国合作金融业的龙头机构。中央合作银行是具有独立法人资质的股份制企业，从其资本构成来看，绝大部分股份由基层合作银行、区域性中心合作银行及其他合作性机构控制，另一部分来自政府资金入股，政府股份最高可达25%，自身及其子公司拥有多个金融牌照，负责整个德国合作事业的管理。中央合作银行只是全国合作银行的一个指导性机构，对下级银行并不具有行政管理职能，除了总部自身开展的经营管理活动以外，还为各级成员单位提供各项业务指导和综合服务，主要职能包括资金清算、资金调剂与融通、联合信贷、理财、租赁、证券保险业务支持、信用卡、国际业务等，基本保障整个农村合作金融系统的效益性和流动性。作为一个具有综合性、国际性特点的全能银行，中央合作银行有着强大的业务能力和良好的经营业绩，也十分注重并不断完善对基层单位的服务，从而有力支撑了地方合作银行的商业活动和市场拓展。

9.1.3.2　德国农村合作金融组织成员异质化及应对措施

时隔100多年，随着经济全球化的深入发展，德国农村金融体系在经济体制和银行体制上发生了一系列变化。德国合作社是开放性的组织，入社自愿，退社自由，随着合作社的发展与壮大，社员越来越多，并且来自不同阶层，全部社员投票的直接民主形式被社员代表大会的间接民主形式替代，合作社的成员分化问题进一步导致民主管理制度受到挑战，管理权基本集中在极少数董事会成员手中，社员权益的不对等问题也日益凸显。为适应新形势、新变化，合作银行紧密围绕客户的需求和自身条件进行了一系列内部管理制度的优化和组织创新，完善金融服务能力：

第一，合作社进行了很多制度性安排，其中一个重要的安排就是对合作社进行强制审计，德国的审计制度被写入法律确保其被严格执行，是合作社行业健康发展的保证。不管是直接民主管理还是间接民主管理，都有其固有的缺陷。虽然投票权只能由社员自己行使，不能交易。但原则上，为实现对合作社资产一定程度的支配权，一个社员可以通过"租借"其他社员投票权来达到自己的目的，但是这会对信用合作社整体利益与民主管理制度产生损害。另外，随着信用合作社的发展，规模越来越大，社员成分更加复杂，来自不同阶层、不同身份。为了确保董事会成员公平有效地履行其义务，防止出现自利腐败的现象，并确保合作社经营状况和业务开展符合合作社的章程及目标，合作社的定期审计制度应运而生。最初有两种审计方式可供选择：一种是由审计协会进行审计，这种审计除了对合作社的账目、资金进行审计外，还对管理层的经营管理情况进行考核，比较全面；另一种是由私人机构审计，是一种纯粹的商业行为，通常只审计合作社的财务收支情况。第二种审计范围狭小，并且容易出现贿赂审计人员的现象，所以，第一种由审计协会进行审计和监督一直沿用至今。

第二，为防止社员分化，对社员认股最高额进行限制。信用合作社非常注重人力资本的作用，为了弱化资金资本对信用合作社的控制，对社员认股的最高额做出限制。然而，信用合作社社员大多由社会弱势群体组成，资金有限，导致信用合作社可融通的资金并不富足，时常出现流动性问题。为解决流动性问题，信用合作社借助彼此联合，形成区域性合作社和全国性合作社。所以，从整个合作银行体系来看，德国合作银行体系是自下而上持股、自下而上服务的单元金字塔模式，这是合作银行与商业银行的不同之处。调节基层地区合作银行的流动性是区域性合作银行和中央合作银行的主要功能，这也是它们建立的初衷。德国三个层次之间只是经济调节的合作关系，不存在管理与被管理的行政隶属关系，每个层级都是自主经营、自主管理、自负亏盈的独立法人实体，但都是在合作制的原则下运行。

9.1.3.3　德国农村合作金融发展经验

德国是世界农村金融的源头，可以说美国、法国等欧美国家，日本、韩国等亚洲国家农村金融体系的发展在很大程度上都有借鉴德国的经验。德国农村合作金融系统在德国拥有举足轻重的地位，这也与它独具特色的发展模式密不可分。

第一，自下而上的组织架构，坚守互助合作制。德国合作银行系统自下而上且层次分明，由采取合作制组建的基层农村信用社和地方性区域合作银行以及采取股份制组建的德意志联邦中央合作银行组成，上下级法人之间不存在隶属与管理关系，具有自下而上参与入股、缴存资金，自上而下提供各项金融服务和融通资金的功能。但不论是哪一个阶段，合作金融组织始终坚持“自我救助、自我管理和自我负责”的基本原则。合作银行是一种互助性的金融集体组织，每个社员都有义务对合作银行承担责任，也有权利使用资金融通和其他的金融服务。正是由于坚持互助、自助的本质，德国的农村合作金融机构在激烈的金融市场竞争中才会越来越显示其强大的生命力。

第二，完备的审计系统。《合作银行法》《合作社法》规定，各类合作社企业每年都必须接受行业审计协会的例行检查和审计。如联邦金融监察局、联邦中央银行及其分行以及合作社审计联合会和 11 个区域性审计协会等，都是德国农村合作金融系统中的审计机构，主要是定期实行监督职责，对旗下各层级合作社的组织设置、资金运营情况、行为规范和市场准入与退出等进行现场监管，确保其规范运营。其中，德国全国合作社联合会和 11 个区域性审计协会拥有一支强大、完备的审计队伍，全国联合会有 100 多名专职审计人员，11 个区域性审计协会的专职审计人员有 1.7 万人，90% 的精力都是对合作银行进行审计，合作审计协会将每家合作银行覆盖，一家合作社在设立之前必须通过本地合作社审计协会的审计鉴定，合格后方能正式成立。审计协会对各级合作银行的审计受联邦金融监管局的委托和指示，对审计中发现的问题，审计协会有部分的处置权和重要的建议权。

第三，健全的风险防范机制。德国对金融安全非常重视，德国中央银行与合作银行体系共同创造出多种融资方式，确保增强资金的安全流动与金融体系的抗风险能力。一是拥有完善的资金融通机制，区域性地方合作银行将部分盈余资金存到上级中央合作银行，地方合作银行需要融资服务时直接向上级银行提出申请，保证了银行系统资金的流动性和偿付能力。二是拥有全国合作银行的资金清算系统。实现合作银行的联行清算，对于跨系统的情况，可以通过中央银行的支付系统进行清算，具有简单、方便、快捷、统一清算的特点。三是建立了内部信贷风险基金制度和存款保险制度。地方合作银行每年按信贷资产的一定比例向区域审计联盟缴纳保证基金，用于帮助出现危机的合作银行。存款保险制度的建立，鼓励支持合作银行投保存款保险体系，按年度缴存贷款担保基金，用于可能出现的危机问题，在极大程度上确保金融体系的安全。

第四，实行双法并行规制为合作银行提供立法依据。在德国合作金融体系稳健发展的背后，《德国合作社法》对合作金融机构的设定、管理都有详细规定，更有《商法》与《合作银行法》并行的法律依据作为强有力的支撑，能够全面综合性地规范金融市场，及时解决德国合作金融发展的各项问题。《德国合作银行法》是专门的合作金融立法，在《德国合作社法》的法律基础上，基于金融业的法律视角，对合作银行提出要求。随着现代商业银行的差异化发展，德国实行的双法并行规制，能够为合作银行成为有别于商业银行的合作性金融组织提供必要的依据。

9.2 国内发展经验：台湾农会及其信用合作发展实践

9.2.1 台湾农会及其信用合作业务

台湾岛作为东亚小农社会的典型代表之一，其农会的发展获得巨大成功（黄祖辉、邵科、徐旭初，2010）。这是台湾省农民在政府引导下自下而上、自发成立的分布最广泛、功能最齐全的综合性农村合作经济组织，旨在为会员提供供销、推广、信用以及保险等多种服务，具备经济、服务、社会以及教育等多功能的综合性互助经济组织，由信用合作部、供销合作部和农业推广部三部门共同组成。依托全岛各级农会在供销、推广和金融等方面的高效运营与合作，台湾农业在产权上尽管是维持“小农”家庭经营模式，但已经完全具备了“大农业”生产经营的特征，具有较强的抵御农业市场风险的能力。截至2015年底，台湾省各级农会总数307家，其中乡镇（市区）基层农会279家，基本覆盖所有乡镇（赵旭宏，2016）。全台湾省400多万农业人口中，加入农会的农户高达99%（张忠宗，2015）。

台湾农会设有供销、农业推广、信用以及保险四大业务部门，其中，只有乡镇基层农会可设立信用合作部，全省信用合作部的数量超过了农会的数量，遍及乡镇各村。截至2014年底，台湾农会信用合作部办事处有584家，信用部分部有250家，农会信用部以“取之于农，用之于农”的原则开展业务活动，主要吸收社员存款，并以其所属行政区为业务范围，为社员及其家属提供农业、渔业生产性贷款，贷款利率低于一般商业银行。截至2014年底，台湾农会信用部存款额约1.66万亿新台币，其中，正式会员存款6987.3亿新台币，在存款主体会员、赞助会员、基层农协和其他公共团体中占比最大。农会信用部将70%存款用于信贷业务，贷款额约为9282亿新台币，净盈利53.68亿新台币，农会的供销部门盈利5.60亿新台币，农会信用部门是农会的主要盈利部门，其85%以上的资金必须用于发放农业生产、农产品加工、运销、社团周转性贷款，以支持农会社员生产发展。

台湾合作金融是以台湾省合作金库为领导地位，台湾信用合作社和农会信用合作部为基层金融机构的、上官下民式的合作金融体系。其中台湾信用合作社与台湾农会分分合合十几年，最终脱离农户，彻底发展为城市合作金融组织。所以，台湾农村合作金融体系是以农会信用部为基层金融机构、省合作金库为领导的二级经营体系（见图9－4）。农村合作金融二级组织自下而上地参股，自上而下地提供贷款及其他各类金融服务，他们均为独立核算，组织上没有隶属关系，职能上互相配合、相互补充，为台湾农会及农业经济发展提供动力机制。

图9－4　台湾农村合作金融体系

农会信用部：农会信用部作为合作金融基层单位，是农会的业务部门之一，为农会会员提供存贷款等金融服务，是台湾唯一调剂农户金融的基层地方性合作金融机构，在台湾合作金融体系中占有重要地位。农会信用部按照一些当地的法律法规设立，从事农业生产的居民和一些社会团体自愿入股加入基层农会，信用部严格按行政区域的活动范围设立代理处，采取会员制服务，坚持取之于会员，用之于会员，为农会会员提供农业生产、农产品加工、运销、消费合作以及渔业等方面的贷款、农业贷款及土地贷款的转贷、协助清偿债务等业务，并承担双重角色，为政府部门、乡镇的金库代办收支业务。

省合作金库：1946年10月，台湾省政府接管日本占据时期的台湾产业组合金库，改组后成立省合作金库，由省政府、农会及其他各类合作组织或社团出资入股，其中省政府占股60%，各类合作组织或社团占股40%（张文棋，2006）。省合作金库是集农业银行与商业银行于一体的组织机构，属于农村合作金融系统中的最高机构，在开展自营业务的同时，又肩负着带领基层农会信用部稳健经营的重任。一方面，合作金库主要辅导处于下层的农渔信用部业务发展，调剂农会的农渔业金融，吸收农会转存款及一般存款，并对农会办理农、林、渔、牧的融资业务。另一方面，省合作金库要配合各项农业政策开展政策性贷款业务（专案性农业贷款），包括辅导农粮业、渔业、畜禽业经营贷款，农会事业发展贷款以及农机贷款等。

9.2.2 台湾农会信用部会员异质性及其应对措施

自20世纪90年代以来，台湾省频繁的各级选举一度造成农会信用部逐渐与地方派系纠缠在一起，盘根错节，其功能逐步超越农业经济范畴，甚至扮演“双重角色”，成为选举桩脚及省金库的工具，业务范围也从会员农户扩大到赞助会员、非会员等市场主体（单玉丽，2007）；另外，受国际金融化与自由化发展的影响，台湾农会信用部开始意识到自身业务发展受区域性、分散性、小规模经营、季节性等条件的局限，存放款业务不具备市场竞争力，开始放开农会信用部的服务范围和会员限制条件，农会信用部会员不仅包括小规模、分散经营的普通农户、兼业农户、专业大户，还包括一些手工业者、工商企业主等多种主体。在这一发展背景的冲击下，农会信用部的成员基础出现分化，农会信用部建立初始的社会性和公益性面临丧失的风险，对此台湾省当局及时采取了一些积极应对措施：

第一，坚持民主管理，一票表决权。虽然农会信用部的财产有一大部分来自于省财政补贴，但是农会信用部历来有明确规定，信用部为服务会员的生产经营活动而组建，即使信贷业务范围扩大到为赞助会员和非会员提供金融服务，但是农会信用部的产权依旧归全体会员所有。在农会信用部的治理结构和治理机制等方面，每个会员不论其股份占比多少、不论其为农会作出的贡献多少，也不论其职务大小，在农会信用部会员代表大会上均只有一票表决权，不存在“一人多票”、“加权投票”的决策机制，会员拥有绝对平等的权利。关于重大财产分配、处分等问题，必须经过会员代表大会，获得2/3以上的表决权才可执行；不论社员的分层、分化，强调民户管理、人人平等是台湾农会信用部一贯的治理原则。

第二，小农联合，形成垂直或水平合作的规模效应。为避免农会信用部中小农—大农两极分化局面造成的利益冲突，降低农会信用部的组织化程度和合作效率，农会信用部门创新性地采取小农联合抱团的产销信贷班模式，即以某一相邻地域上，经营同类农产品生产的小规模农户组成一个产销信贷班，形成一个互帮互助、相互监督的“小集体”参与信用合作。为了更好地沟通，提高小规模农户话语权和达成统一行动的有效性，一个产销信贷班的人数基本控制在20户左右，一个产销信贷班内部成员之间可以进行垂直合作，相互担保申请联合贷款，提高单个农户的信贷能力。农会信用部门中，各种小规模生产农户联合的小集体之间也可以形成多种形式的产销合作、信贷合作，实现合作的规模效应和区域效应。

9.2.3 台湾农会信用合作发展经验

第一，严格执行农贷管理制度。台湾合作章程对农会信用部农贷资金的使用范围、贷款用途、贷款期限以及服务对象都作了严格限定，如规定农会信用部85%以上资金必须用来支持农业生产、农产品加工、运销以及农协组织或社团周转等；合作金库及农会信用部的信贷业务只对农会会员开放，从而最大程度上保障农业资金不外流。20世纪60年代，以农业经济为主的台湾农民具有较高的同质性，且当时的村域封闭使农民没有非农就业的机会，反而给当地农民参与农会经营活动的空间，农会的发展不断持续壮大（黄祖辉、邵科、徐旭初，2010）。

第二，农业信用保险种类齐全。农业信用保证基金会为还贷能力较弱的农业、渔业者授信，帮助抵押担保品不足的农、渔业者适时获取所需的农业生产经营方面的资金，增强他们的授信能力，也为农协信贷部门分担融资风险，以确保农户社员融资活动的顺利开展。如社员向农会信用部申请贷款，可以选择用自有房产、农地或林地作为抵押担保品，也可以选择申请农业信用保证基金作为担保，农业信用保险的设置对扶持贫困农户发展生产、改善生活发挥了积极作用。台湾成立了“中央存款保险公司”专门对农会的存款提供保险，保障农业合作社、农渔会信用部等组织的存款及信托资金的稳定与安全，避免农业资金流向城市。

第三，完善的法律法规，健全的农村金融体系。2003年7月，台湾省政府颁布《农业金融法》，自此，台湾省基本建立了以农会信用部和农业金库为主体的独立、完整的农村合作金融体系（苏宝玉，2010）。2004年，对农会信用部业务的开展出台了一系列配套的法律法规指导。台湾省合作性金融、商业性金融及政策性金融等金融机构各司其职又相互竞争，农村金融与农村合作金融一体化是台湾农村金融体系的独特优势。在农村金融体系中，农会信用部既是农村合作金融体系中的基层组织，又是农村金融系统中的基础单元，承接全省农村合作金融的信贷业务，又具有金融机构的独立融资功能。作为上层机构的台湾省合作金库既是合作金融的中枢，也是农村金融系统的重要组成部分，农村金融与合作金融一体化结合对促进农村金融发展起到了重要作用。

9.3 国内外经典合作金融发展对我国的启示

德国、日本、韩国以及中国台湾省的合作金融体系比较发达，很大程度上能够满足农民生产生活的融资需求，为农业、农村经济的发展做出巨大贡献。通过分析这三个国家和一个地区的农村合作金融体系、运行模式以及对社员异质性的应对措施等内容，总结这些国家和地区农村合作组织（农协、农会的统称）信用合作业务发展经验，我们发现实践结果证明合作金融是能够适应当前农业经济发展内在要求的一种金融组织形式，其运行的经验、立法及监管模式特色研究，对我国发展新型农村合作金融具有借鉴意义：

第一，以农村社区为基础，发展综合型合作经济组织。德国、日本、韩国以及中国台湾省的合作社都是以农村社区为基础，为农民提供生产、生活各个方面的综合性服务为特色。以日本为首的“东亚模式”的合作社提供与农户生产、生活密切相关的所有服务，包括供销、金融、保险、生产经营指导、仓储运输、福利、生活、文化、教育等各行各业的服务。与日韩相似，中国台湾省农会也充分利用各种资源，提供信用、运销、推广、家畜保险等服务，具备经济、服务、教育、社会等多方面功能。这些服务都是根植于某一社区范围内进行同类生产活动、具有共同联系的会员（社员基础），会员彼此之间较为熟悉、信任程度高，能避免信息不对称问题带来的损失，节约合作社的管理成本和交易成本，在更高的程度上保持成员的剩余索取权和剩余控制权，这也是保证合作组织具有持续发展的动力和抵抗风险能力的保障。在这种同一社会信用环境下，成员参与信用合作的积极性更高，有利于合作组织的发展。

第二，强化监管机制，建立多层风险防范制度。金融的稳定发展一定需要适时的监管与防范，德国、日本、韩国以及中国台湾省为了稳定合作组织信用合作业务的发展，都建立了多层风险防范制度。德国农村合作金融监管制度由自我监管、行业协会监管以及行政监管三层监管，层层递进。日本农协采用的是外部双重监管与自我监管机制相结合的办法，外部监管包括政府金融监管厅和农林水产金融科两个部门对基层农协、县信联以及中央金库的监管；自我监管由农协中央会设立的“监察士”制度执行监管，负责基层农协和地方性联合会的账目查询（何广文、李树生，2008）。日本农村合作金融风险防范制度包括存款保险、相互援助、灾害补偿以及农业信用保证保险等一系列制度；韩国农协建立了合作金融的存款保护制度、早期情报系统综合业务、利用身份证识别的 CSS 顾客信用分数评价系统以及自我监督制度等多项风险防范制度；为加强对农业金融的监管，中国台湾省于 2004 年 1 月成立“农业金融局”，主要任务是监管农业金融（单玉丽，2007）。鉴于日本、韩国及中国台湾省信用合作的经验，中国政府在降低准入门槛的同时，必须强化监管，引导合作社内部建立自律机制，保障信用合作规范运作。

第三，加大政府支持引导力度，建立专门的农村合作金融法。信用合作的健康发展离不开政府政策及其法律法规的引导和支持，发达国家或地区农村合作金融有一个共同的特点就是重视合作金融组织在农村金融的主导地位，都拥有完善的法律法规的外部支持体系做支撑，这也是推进我国农村合作金融组织发展的重中之重。德国农村合作金融是典型的民间金融组织，政府很少干预具体经营活动，只是在法律和政策层面给予扶持，并实施严格的监管制度。日本、韩国等发达国家和地区的合作组织初期都是以普通小农家庭经营为主，发展到一定阶段后农户分化具有异质性的背景，与中国极为相近，这些地方合作金融的成功发展也在很大程度上依赖外部环境支持（邓衡山、王文烂，2014）。如税收方面，日本政府明确规定，农协各种税收均比其他法人的纳税率低 10 个百分点左右（高强、张照新，2015）。而欧美等国家尽管农场主间异质性特征不像我国的实际情况，但是国家支持的力度还是远超我国。毕竟合作社内部“搭便车”“大农吃小农”等问题固来就存在，但是外部支持在合作社产生和发展过程中同样起到了不可忽视的作用。而我国目前仅有一部《农业专业合作社法》，也只限于农民专业合作领域，对合作社内资金互助信用合作业务等金融方面还处于空白。因此，外部支持是否应该借鉴以及能否借鉴成功，将关乎中国农村合作金融发展的命运。

9.4 我国合作社内发展资金互助的制约因素反思

我国合作社开展资金互助业务，虽填补了正规金融机构在农村金融供给的不足，解决了部分农民生产发展的资金短缺问题。但是由于我国农村金融外部环境及农民合作社自身组织原因，决定了其在开展资金互助时存在一些难以克服的缺陷和障碍，制约了资金互助缓解农户融资约束的效果，下文结合日本、韩国合作金融发展的成功经验，试图从内外两个层面分析我国合作社内开展资金互助效果的制约因素。

9.4.1 内部治理和制度建设缺陷

第一，农民社员缺乏合作金融理念。受我国传统文化、早期的人民公社、大跃进时期“大锅饭”的影响，以为合作经济组织就是搞老一套的计划经济，对资金合作有抵触情绪。中国典型的“小农思想”求稳定、怕风险降低了抗市场风险能力，即使加入了合作组织也难以真正合作。在农村合作经济组织发展比较好的江苏省，仍然存在25%的农村合作经济组织流于形式，名不副实。

第二，合作社内部利益连接机制不健全。现阶段还存在一些农民专业合作社自身发展无法保证利润，却急于在内部建立资金互助社或资金互助部，缺乏规范的会计核算制度，难以遵守《合作社法》规定的按交易量（额）返还原则等问题，再加上外部监管制度不健全，出现一些假借合作社非法集资的不法案件，又得不到有效的监管和保护，农户的经济利益受到侵占，农民对合作社出现不信任、评价低的现象。

第三，合作社产权归属问题模糊。合作社资金互助的产权关系是合作社成员在参与资金互助组织过程中通过互助资金这种稀缺资源所产生的人与人、人与组织或组织与组织之间的权责关系。现阶段农村合作经济组织普通社员和资金互助组织社员相互交叉，组织与社员、社员与社员之间产权边界不清，权责异化等问题严重，而我国对资金互助的产权保护的法律法规还处于盲区，“搭便车”偷懒问题严重，使得互助资金的使用效率不高。

9.4.2 外部合作金融环境威胁

第一，农产品和农资市场机制作用扭曲。“合作”与“竞争”同是在市场经济条件下产生的具有共生性的产业组织行为，农民专业合作社有弥补“竞争”功能性缺陷的作用，即制衡，因而独具生命力。但我国现阶段市场经济发展还不成熟，农产品和农资市场异化，市场机制的调节作用难以顺利实现，农民专业合作社内资金互助组织作为新型的农村合作金融机构的雏形，更加难以公平地参与市场竞争，同时也限制了合作的深度和广度。

第二，政府扶持力度不足，发达国家合作金融的成功离不开政府的资金和强制政策的支持，有条件的农村合作经济组织能在小范围内建立资金互助组，由于自有资金的限制，也只能临时性地解决部分农民小额资金需求的一部分，但合作社多属于需求主导型，有贷款需求的社员远远多于有存款需求的社员，贷款需求额也大于社员存款额，所以后续资金成为发展关键，一旦政府的资金扶持和优惠政策不到位，资金链就面临断裂危险，资金互助持续发展受到影响。

第三，合作社内资金互助的立法滞后。目前，我国只有一部《农民专业合作社法》，且仅限于合作社相关业务的开展和运行规定。虽然银监会在 2007 年出台的《农村资金互助社管理暂行规定》填补了农村资金互助社在法律法规上的空白，但对于合作社内开展资金互助信用合作的业务仅限于政策上的鼓励，对于如何开展业务、互助资金的经营管理以及风险防范等细则至今无法可依。合作社内资金互助的经营范围、监管以及权限等方面的法律法规缺失，导致合作社与上级部门之间的关系有很大盲目性和随意性，地方政府“管生不管养”的现实局面也制约其持续发展的步伐。

第 10 章　研究结论与对策建议

我国农民专业合作社内开展资金互助业务基本处于前期探索、实验阶段，合作社内生金融虽有其自身的独特优势，但如何引导其健康持续发展，还需要各方长期的努力和实践探索。美国耶鲁大学经济学家休·T. 帕特里克（Hugh T. Patrick）在研究经济增长与金融发展的关系时，提出了“需求追随式”（Demand－following）的金融发展模式，该理论认为随着经济增长，经济主体本身对金融服务会产生需求，金融体系不断向前发展就是对经济主体需求的反映，即需求引导金融供给的产生，这种发展模式强调金融服务的需求方。这种发展模式具有较强的地域性和层次性，当人们对金融的认识比较充分并且意识到外部金融服务不能满足自身的需求时，才促使这一发展模式产生。近年来，随着我国农民专业合作社合作领域的扩大、合作形式、合作主体的多元化发展，合作社及农户社员为了争取更大的利益和市场竞争力，对金融服务的需求的增加促使合作社内资金互助模式顺应而生。合作社内资金互助内生于农户身边，属于帕特里克提出的需求追随模型，是伴随我国农村经济形态诱致性变迁的产物，其是否能持续健康发展依赖内部农户经济行为选择和外部制度环境的双重作用。本节对全书的研究内容作了一个全面总结，然后从合作社内部治理、外部市场环境以及健全法律法规等方面，提出促进异质性社员下农民专业合作社内资金互助持续稳定发展的对策建议。

10.1　研究结论

农民专业合作社内资金互助是一个十分有实践意义的研究主题。本书在对农民专业合作社内部资金互助及其发展历程分析基础上，从理论上阐释了社员异质性及形成原因，并通过构建指标体系对社员异质性进行了定量测度；对异质性社员参与合作社内资金互助进行了博弈分析；从融资需求角度对异质性社员获得互助金的满足程度展开了实证分析；并将社会资本理论纳入研究框架，运用案例分析法实证分析了社员异质性对资金互助绩效的影响；探讨了异质性参与治理的前提下，合作社内资金互助贷款定价的形成机理；并借鉴国内外合作社内资金互助的成功发展经验，反思当前我国合作社内资金互助发展的障碍和制约因素，得出的主要结论如下：

第一，农业生产的弱质性、农户融资交易成本高等问题的存在，客观上要求小而分散的农户之间的信用联合与合作，这也是合作社内资金互助产生的内在动力。我国各类农民专业合作社带动农户积极开展生产合作与信用合作的联合，具有更贴近农户需求、信息对称、交易成本更低等独特优势，是缓解农户融资问题的有益尝试，但其发展的成效仍然有待提高。自改革开放以来，我国新型农民专业合作社内社员分层与异化现象，已经是合作社内部环境常态。合作社的发展壮大更多的是依赖整合不同资源禀赋，但具有共同利益取向的合作与汇集，合作社单一、纯粹的合作制逐渐演化为不稳定、复杂的混合型俱乐部，合作社经典民主治理机制和按交易额分配盈余机制受到挑战。那么社员异质性背景下，合作社开展资金互助对合作社内部治理水平和成员关系提出了更高要求。

第二，通过对我国农民专业合作社的产生背景以及早期合作制原则进行分析，剖析了合作社社员同质性向社员异质性的演变历程，根据社员异质性的形成原因，认为社员异质性主要表现为资源禀赋的差异导致社员入社目的、参与行为、利益诉求以及对合作社的贡献不同，进而形成异质性结构。根据社员异质性的本质表现，选取社员土地规模、文化程度、技术水平、入股份额、社会信任以及关系网络六类投入要素，作为衡量社员异质性程度的复合指标。并利用湖南省沅陵县王家岭蛋鸡养殖专业合作社的调研数据，采用实证分析方法测算了社员异质性程度，从数量分析上明确了单个合作社内社员异质性的存在和差异表现。

第三，根据异质性社员参与行为和投入要素差异，将社员分为核心社员和普通社员两类不同的参与主体，通过模拟两类社员参与资金互助的行为，构建了异质性社员参与资金互助的完全且完美动态博弈模型，分析异质性社员参与合作社内资金互助的可能条件，得出合作社内资金互助的贷款利率越低，社员参与资金互助选择不违约的概率越大，博弈达到最优。因此，适当控制贷款价格、约束和激励措施相容以及加强信贷风险监控等是资金互助达成最优或次优的博弈均衡。然后，根据异质性社员投入要素的差异，构建异质性社员参与资金互助的伯特兰德价格博弈模型，研究异质性社员下合作社内资金互助的稳定发展的均衡条件。结果表明社员参与资金互助的合作成本递减是异质性社员选择合作的决定因素，同时发现，合作成本节约系数在某一临界值范围内是资金互助健康发展的稳定机制。

第四，从王家岭合作社社员融资需求的实证分析来看，社员整体融资规模和融资满足程度逐年递增，但是异质性社员之间存在差异。通过对比分析社员同质性与异质性情况下合作社对一定规模互助金的分配机理，发现异质性社员获得互助金不仅受到合作社资金规模的影响，还存在不同社员之间挤出效应的影响。所以，接着对社员异质性特征对其融资满足程度的影响作了一个实证分析，发现社员的入股份额、社会信任以及关系网络是影响其融资满足程度的主要影响因素。然后通过案例分析，深入探讨社员社会资本的信任和关系网络对合作社内资金互助运行绩效的影响，发现社会信任是社员参与资金互助的前提与条件，且核心管理成员通过占据合作社内“强关系”网络，作为联结中介为普通社员搭桥，强化资金互助内部治理、扩大影响，促进资金互助的顺利开展。合作社以社会信任为基础构建的内部关系网络，使得参与借贷的社员双方都有激励维持一个健康持续发展的资金互助组织。

第五，从目前我国农民专业合作社的资金互助发展实践来看，合作社中还存在内部人控制的局面，但是一定程度的内部人控制并不等于资金互助效率不高或社员合作关系恶化。通过对合作社内资金互助贷款定价进行理论分析，发现由少数理事会成员组建的小集体社会资本更具优势，其表现为凝聚力和向心力更强，在组织决策中能发挥“小集体有效性”作用，打破大集体行动无效性陷阱。对王家岭合作社内部资金互助贷款定价分析，发现理事会将贷款利率从低于市场的定价调整到与市场持平的利率价格，结果加快了合作社资金周转，提高了互助资金的使用效率，以核心社员为主的小集体参与合作社治理的有效性得到体现。并且通过案例分析，我们发现有实际融资需求的农户能够承担较高的市场利率，合作社内资金互助应该重视其发展的可持续性，单纯依靠补贴性优惠或者低息贷款往往使市场扭曲，效果不彰。古人云“授人以鱼，不如授人以渔”，发展农村合作金融重在“造血”功能的培养，在于农户金融能力的不断提升。

第六，通过分析日本、韩国、德国以及中国台湾省的农民合作社内部信用合作资金互助业务的发展以及他们应对合作社内部社员异质化采取的积极措施，发现这些国家和地区的合作社历经数代，却仍旧在促进农村经济发展、农民增收等方面发挥着举足轻重的作用，且合作社内信用业务部门是合作社的盈利部门，并且成为带动和支持合作社其他部门业务发展的核心部门，对我国依托合作社开展资金互助发展农村合作金融有很大的借鉴意义。支持合作社的多元化发展，鼓励合作社开展信用合作、资金互助等业务，首先，需要政府的支持和引导、扮演引路人的角色，更需要完善的风险防范制度以及健全的法律法规等作为制度保障，以确保合作社内资金互助持续健康发展。其次，反思目前我国农民专业合作社内开展资金互助的制约因素和现实障碍，发现合作社内资金互助发展受内外部双重约束：内部治理结构和运营管理制度建设的缺陷，外部金融环境的竞争、正规法律法规的缺失等现实障碍制约。最后，从内部治理和外部环境两方面提出促进农民专业合作社内资金互助持续健康发展的具体对策建议。

10.2 对策建议

10.2.1 加强合作社内部治理与制度建设

第一，加强民主建设与管理，提高普通社员参与资金互助的程度。一方面，减小核心社员所拥有要素的稀缺性程度。确保为普通社员提供公平合理的资金互助业务，避免合作社沦为核心社员利用发放贷款获利的“杠杆工具”，适当缩小异质性社员参与要素的差异性。如在设立资金互助部的审批过程中，相关部门应限制具有紧密关系的核心社员相互“勾结”的行为，减少核心社员“蓄意”的集体行动；对于偏离民主决策治理，但基本能实现社员“帕累托改进”的资金互助社，可以继续沿用其治理机制，但是必须严格规定单个社员票数上限，杜绝部分社员利用“特殊身份”对要素资本进行极端控制。另一方面，增大普通社员所拥有要素的稀缺程度，有效推进精细化管理与监督。如规定单个社员入股占比上限，利用财政补贴及优惠资金提高普通社员股金占比，合理分配产权结构。但是，也不能忽视核心社员的作用与贡献，借鉴委托代理问题的利益植入激励措施，将社员借款的部分利息收入植入核心社员的绩效奖励，明确规定核心管理成员的权限、职责、奖励与惩处等方面的选择性激励，既要包括经济激励、社会声望以及其他心理目标等正面激励措施，也要包括受贿、失信以及滥权等负面激励措施，充分调动核心社员参与管理的积极性。

第二，遵守合作制原则，培育科学民主治理模式。合理优化组织结构，加强民主管理：建立理事会、成员代表会、监督会，规范三会的职权范围，确保成员大会的最高决策权，完善互相监督机制，杜绝少数“核心成员”对组织的极端控制以及“大农吃小农”的内在逻辑；引导农户开展多种形式的联合与合作，如引进股份制，鼓励农民通过土地、劳务、资金、技术等方式入股，增强资金来源渠道，加强资金互助的效果。建立以社员为主体的科学金融产权制度，尊重社员投入要素如劳动力、资金的产权，有效配置合作社内的稀缺优势资源，调动社员参与资金互助的积极性和创造性，吸引更多的农户加入。建立健全与信用互助业务试点相适应的财务、会计制度，遵循审慎的会计原则，使用统一印制的信用互助业务试点专用账簿、凭证，真实记录并全面反映信用互助业务试点业务活动和财务状况。建立健全资金使用决策机制，成立由管理人员和社员代表组成的资金使用评议小组，每年对社员出资情况、信用状况、资金需求和使用成本进行公开评议，确定每位社员的授信额度并予以公示，社员可在授信额度内申请使用资金。区分合作社成员和资金互助部成员的产权归属，保证资金互助部的金融资本信贷互助性职能的发挥，遵守“取之于社员，用之于社员”的资金互助模式，提高互助资金的利用效率。

第三，遵循贷款利率市场化，加强信贷经营风险的防范能力。开展信贷业务过程中，尊重存贷款利率市场定价的原则。合作社内部资金互助开展前期，可以采取低利率，然后过渡到市场利率，优化贷款利率的定价机制。注重提高合作社自身的金融创新能力，根据社员等农村经济主体的金融服务需求的特点，开展信贷技术创新和产品创新、业务流程再造等业务。对于有生产条件、信息完整的农户，可以将农户的资金互助活动和农业生产经营活动接连起来制定借款条约合同：如将农户与其他合作经济组织签订农副产品运销合同等作为贷款归还的担保。在对合作社内资金互助发展进行规范引导的情况下，发挥市场机制推动农村社会信用秩序形成的作用，通过多方合作社主体之间的不断摩擦和博弈，让社员自己认识到守信的好处与不守信的代价，从而督促社员的信用意识的形成。

第四，加强信贷风险控制。合作社内部资金互助组织需要对贷款的风险实施监控，及时地采取各种措施来保护债权，减少损失。建立完善金融服务信息平台，定期向社员公布资金互助的运作情况，明确社员在互助组织的财产归属以及盈余返还，提高信息透明度，降低信息管理与贷款监督成本。建立合作社内资金互助存贷业务的风险防范体系，控制合作社资金互助规模，资金互助组织必须预留一定比例的备付金，规定单一社员用款总额不能超过互助金总额的一定比例等措施，最大程度防范和分散风险。内部严格规范借款、还款每个环节，同时建立资金互助组织社员的个人信用档案，充分利用社区成员在地缘、血缘、亲缘纽带的信息优势延长资金合作博弈链条，同时加强社员信息的甄别力度。建立社员道德行为规范，以保证贷款归还的可信度和低违约率，并做好后续信用跟踪服务。制定资金发放前审查、发放时审批、发放后检查等审查程序和操作规程，健全内部控制机制，规范从业人员岗位职责，增强社员风险意识，有效控制风险。

10.2.2 合理利用异质性社员的资源禀赋优势

第一，依托合作社生产合作为基础，形成的“社会信任”是发展资金互助的前提。社员以血缘、地缘为基础构建的“熟人信任”的社会圈层结构，会随着农村社会固有的“差序格局”而呈现递减模式，在一定程度上将会限制社员对合作社共享资源的汲取和分配，所以如何将一定地域范围内、关系社会中的“熟人信任”转化为包含“熟人信任”和“制度信任”在内的、普遍的“社会信任”，是农村资金互助组织长期稳健发展需要面对的问题。合作社内部完善的规章制度、借贷流程以及违规惩处机制的建立都是“制度信任”的实现手段，如通过签订社员与资金互助部的委托代理契约，利用契约信任明确借贷双方的权责关系，提升内部治理结构的优化；建立信息共享机制或平台，利用同一关系网络上的信息传递和扩散渠道，增加交易过程中的信息透明度，避免因合作社业务扩张导致信息不对称而引发的各类信用风险；合作社理事长应注重与社员建立密切的合作关系，提高自身的经营管理能力，增强秉公办事的责任心和为社员谋福利的公德心，以提升社员对其的信任感和认同感。

第二，合作社内部“强关系”网络就像一把“双刃剑”，处于优势的核心社员运用“强关系”的治理模式，参与合作社内资金互助的决策处理和利益分配等方面，进行信息传递、资源共享为其他社员带来经济利益的同时，亦可能存在因“杀熟”而盘剥处于边缘的普通社员经济利益的情况。为此，依靠合理、规范的内部治理和有效的监督来“兜底”，才能确保合作社内开展资金互助的公平与公正。合作社内部核心社员的“强关系”有利于资金互助功能的发挥，组织自身应充分利用这些核心管理人员的资源禀赋和能力潜质，有意识地构建和优化合作社的关系网络，提高信息共享水平，降低交易成本；充分发挥教育功能，加强对核心管理人员的专业培训与指导，强化其自我监督和道德约束机制；适当引入社员退出机制，对违反合作社章程、侵害其他社员和合作社利益的社员予以除名，这是防止个别强势社员把控合作社的制度保障；鼓励农村中具有企业家精神、社会网络资源丰富的大户作为领头人，组建农民合作社或农民资金互助社，发挥其资源禀赋优势和“能人效应”的示范作用，带动农村优势产业发展和农户生产的积极性。

第三，采取约束激励相容措施，加大违约惩罚力度。一方面，坚持效率优先的原则，采取更加灵活的利益分配制度。如建立利益互相植入捆绑和激励机制，充分体现贡献者的收益，在保证合作社正常运营的前提下，采用多次分红的方法，提高盈余返还额度和频度；对于有贷款需求的普通社员，提供约束和激励相容的贷款合同供社员选择，如根据社员与合作社往年的交易情况，对于信用程度高的社员，推出低息、循环等优惠贷款，鼓励社员保持好的信誉；对核心社员也需创建激励与约束结合的管理制度，加大对核心社员参与资金互助管理的鼓励，考虑在实现共同利益的基础上，允许核心社员实现其个人的利益目标。另一方面，加大违约惩罚力度。在缔结资金互助组织后，通过创设制度性监督和惩罚性机制，加大对社员弄虚作假行为的惩罚力度，防止社员在贷中、贷后管理和监督中中饱私囊不道德行为的发生。一旦出现故意违约的情况，资金互助部必须严格对待，不再向违约社员提供贷款，使违约者不仅失去合作盈余，而且还要承担双方资金合作的成本，使双方的合作承诺成为高成本可置信承诺，防止信贷风险。

第四，鼓励不同要素的合作，激发社员参与积极性。具有异质性的农民群体拥有的资源禀赋必然具有互补性，合作社内资金互助的发展不仅需要核心社员丰富的资金、销售渠道以及企业家才能的加入，也需要普通社员的其他互补性资源的加入。合理利用农村社区信息对称、熟人关系网络等比较优势，鼓励不同社员多要素入股资金互助社，增加要素流通渠道，发挥多种要素互补使用有节约合作成本的溢出效应优势，降低互助双方的合作成本。如合作社社员在其存放资金额内，可采取信用借款方式；超过其存放资金额的，应采取社员担保、联保方式，也可采取农房、林权、土地承包经营权抵（质）押等方式。资金互助社应建立激励措施引导不同层次社员之间的沟通与合作，提高社员的合作意识，规避由信息不对称引发的道德风险、逆向选择等问题。以不同要素入股资金互助部的社员，采用评级授信和差别定价策略，设计双方达到帕累托最优的预期收益分配比，使异质性社员参与资金互助合作的收益大于不合作的收益，增加异质性社员参与信用合作的可能性。以社员的生产性融资需求为现实依据，引导异质性社员共同的利益诉求，把不同层次的个体农户组织起来，通过资金互助实现经济上的联合。

10.2.3 坚持以市场化取向的政府柔性支持

第一，差别化的支持与引导。与理性经济人假设不一致，现实生活中异质性农户存在非理性行为偏差，政府支持和干预都需要适度。日本、韩国以及中国台湾省的合作金融体系比较发达，在很大程度上是得力于政府部门的大力支持，但是要把握好度，不可操之过急。借鉴这些国家和地区的成功经验，一方面，我国政府相关部门应该对已开展资金互助业务的农民专业合作社的经营管理及实施细则加以指导，为进行合作金融业务创新的合作社提供优惠政策，对合作社内部社员涉农贷款进行利差补贴；对于优秀示范合作社加大优惠税收政策和无偿的财政补贴，产生示范和推广效应。另一方面，对还没有开展资金互助的合作社加以鼓励和引导。合作社的理事、监事、经理和资金互助业务部经理、财务人员应当具有从事信用合作所必备的知识和经验，各级地方金融监管局应当定期组织相关业务培训，培养社员的金融素养，提高他们参与资金互助社经营管理的主动性和积极性。资金互助业务部经理和财务人员上岗前必须通过地方金融监管部门组织的从业知识考试并取得任职资格。

第二，采取政府柔性干预，设计更友好的政策环境。以助推的方式，引导农户做更理性的选择，而不是强行施加干预，把握机制设计和一定程度的政策空间就至关重要。将信贷优惠政策与资金互助部的制度结构和监督机制有机结合，制定差别化的优惠政策体系，避免拥有稀缺要素资本的核心社员采取投机行为，挤占政府支农资源。对能够实现全体社员的“帕累托改进”和社员满意度高的农民专业合作社提供优惠政策，促使合作社内核心社员在既得利益、个人名誉和优惠政策间权衡。合作社开展资金互助业务应将资格认定书悬挂在经营场所明显位置，以接受社员和社会监督。监管部门要建立社会监督举报制度，及时受理投诉举报，并将处理结果予以公布。地方金融监管当局及其相关组织应对合作社统一开展信用评级工作，加大对信用良好的合作社的资助力度和基础设施投资，构建良好的农村金融生态环境，为农户降低贷款成本和交易成本提供条件，形成缓解农户融资难、融资贵的良性政策循环和激励机制。

第三，坚持以市场导向为基础，尊重市场机制那双“看不见的手”的调节作用。进一步放开农产品市场，建立完善的农产品价格市场机制，以加快市场化进程的方式为农民专业合作社的产业发展助力，提升合作社和农户的金融能力和自身“造血”功能，推动农村合作金融组织的持续健康发展；引导有优势产业基础的农民专业合作社积极参与市场竞争，保证农资市场的充分性和有效性；建立与农产品市场配套的农村金融信息平台，在农户、合作社与市场之间建立信贷信息渠道和桥梁，为农民提供便捷的金融服务和金融市场信息，减少因信息不流通、金融知识缺乏而产生的跟风效应，市场失灵等问题。同时建立健全公开有效的监管平台，地方金融监管局应当建立健全资金互助业务试点的信息资料收集、整理、统计分析制度，建立线上动态监测系统，对互助资金来源和用途、盈余分配、社员变化、风险情况等进行持续监测，向省金融办报送统计数据。

10.2.4 健全合作社内资金互助的法律法规

第一，尽快出台与农村合作金融相关的专权法律法规，或者是将合作金融纳入《农民专业合作社法》的制度框架。农村合作金融体系与经济体系中其他领域一样，政府在推动金融效率的提高方面可以发挥积极的促进作用。一个国家的法律基础设施与金融发展有直接的正相关关系（李明贤，2003）。要促进我国农村金融体制深入改革，健全农村金融体系，促进农村经济的发展，必须要完善立法，更要严格执法，保证司法的独立性和公正性，为农村金融改革发展提供良好的司法环境。当前距2007年7月1日颁布《农民专业合作社法》已有十年多时间，这十多年来随着农业现代化的推进，农村分工分业深化，农民专业合作社出现了更多的新情况、新问题，《农民专业合作社法》的一些规定已不能适应合作社实践发展的需要。针对当前合作社最新发展现状，2017年12月，全国人大常委会重新修订了《农民专业合作社法》，遗憾的是，合作社内部信用合作、资金互助业务等发展合作金融的相关内容没有被纳入。2007年10月，党的十七届三中全会提出“有条件的农民专业合作社发展信用合作”，已过去十几年时间，其间全国各地农民专业合作社内部资金互助试点虽出现一些打着非法集资的案件和新闻报道，但其取得的成效也是不容忽视的。如合作社内部资金互助成员的来源范围、需要处理资金互助与非法集资的边界、内部资金互助治理机制、系统性风险防范机制等内容，对合作社发展信用合作产生了一定负面影响，因而尚需作进一步完善。

第二，出台关于合作社开展资金互助相关的指导意见，引导和促进合作社内部的资金互助和信用合作的健康发展。特别是促进信用合作与生产、购销合作的融合共生发展，将信用合作嫁接在社区和产业链上。消除现代商业银行在农村金融服务过程中出现的农户、农业、农村、偏远地区、贫困地区、小微企业排斥的现象。按照合作制原则，明确农民专业合作社内资金互助部的金融功能，明确规定资金互助部的性质、法律地位、产权安排、组织机构以及运营管理等细则，使农民专业合作社内信用合作资金互助业务可以得到有效监管，防止重蹈合作基金会的覆辙。在利率、税收以及办理信贷业务手续等方面提供支持性政策，将依托农民专业合作社而内生的资金互助作为整个农村合作金融体系的“毛细血管”，充分发挥亲缘、地缘、业缘等独特优势，实现农村产业与农村金融资本的相辅相成，以合作金融收益反哺农业生产与发展。对社员异质性突出的农民专业合作社，除了出台关于资金互助部的管理办法、互助资金用途、贷款程序、风险防控等规章制度之外，还应根据目前合作社内部环境的变化，对社员异质性下农民专业合作社的社员管理、决策机制、盈余分配等制度加以修订，促进依托合作社发展农村资金互助社规范、健康发展。

参考文献

［1］ Adler P, Kwon S W. Social Capital: Prospects for a New Concept [J]. Acdemy of Mangent Review, 2002, 27 (01): 17-40.

［2］ Andreas Ortmann, John Fitzgerald, Carl Boeing. Trust, Reciprocity and Social History: A Re-examination [J]. Experimental Economics, 2000, 3 (01): 81-100.

［3］ Banerjee, A D, Mookherjee D, Munshi K et al. Inequality, Control Rights, and Rent Seeking: Sugar Cooperative in Maharashtra [J]. Journal of Political Economy, 2001, 109 (01): 138-190.

［4］ Bauwens T, Defourny J. Social Capital and Mutual Versus Public Benefit: The Case of Renewable Energy Cooperatives [J]. Annals of Public and Cooperative Economics, 2017, 88 (02): 203-232.

［5］ Bell C. Credit Markets and Interlinked Transactions [J]. Handbook of Development Economics, 2005 (01): 763-830.

［6］ Berkhout E D, Schipper R A, Keulen H V, et al. Heterogeneity in Farmers' Production Decisions and Its Impact on Soil Nutrient Use: Results and Implications From Northern Nigeria [J]. Agricultural Systems, 2011, 104 (01): 63-74.

［7］ Bijman J, Hendrikse G. Cooperatives in Chains: Institutional Restructuring in the Dutch Fruit and Vegetables Industry [J]. Journal on Chains and Network Science, 2003, 3 (02): 95-107.

［8］ Bijman J, Hu D. The Rise of New Farmer Cooperatives in China; Evidence from Hubei Province [J]. Journal of Rural Cooperation, 2011 (08): 99-113.

［9］ Bijman J. Cooperative and Heterogeneous Membership: Eight Propositions for

Improving Efficiency [J]. The Emnet – Budapest Hungary, 2005 (02): 16 – 18.

[10] Bourgeon J M, Chambers R G. Producer Organizations, Bargaining, and Asymmetric Information [J]. American Journal of Agricultural Economics, 1999 (03): 602 – 609.

[11] Burt R S. Structural Holes: The Social Structural of Competition [M]. Cambridge MA: Harvard University Press, 1992.

[12] Chaddad F R, Cook M L. Understanding New Cooperative Models: An Ownership – Control Rights Typology [J]. Review of Agricultural Economics, 2004, 26 (08): 348 – 360.

[13] Choi E K, Feinerman E. Producer Cooperatives, Input Pricing and Land Allocation [J]. Journal of Agricultural Economics, 1993, 44 (02): 230 – 244.

[14] Cook M L. The Future of U. S. Agricultural Cooperatives: A Neo – institutional Approach [J]. American Journal of Agricultural Economics, 1995, 77 (10): 1153 – 1159.

[15] C. Northcote Parkinson. Parkinson's Law [M]. Boston: Houghton Mifflin, 1957: 33 – 34.

[16] Ferrin, Donald L, Bligh, Michelle C, Kohles, Jeffrey C. Can I Trust You to Trust Me? A Theory of Trust, Monitoring and Cooperation in Interpersonal and Inter – group Relationship [J], Group & Organization Management, 2007, 32 (04): 465 – 499.

[17] Fulton M. Cooperatives and Member Commitment [J]. Journal of Business Economics, 1999, 48 (04): 418 – 437.

[18] Georg Simmel. The Sociology of Georg Simmel [M]. Marland: The Free Press, 1950.

[19] Ghatak M. Group Lending, Local Information and Peer Selection [J], Journal of Development Economics, 1999, 60 (01): 27 – 50.

[20] Granovetter. The Strength of Weak Ties: A Network Theory Revisited [J]. American Journal of Sociology, 1973, 78 (06): 1360 – 1380.

[21] Granovetter. Economic Action and Social Structure: The Problems of Embeddedness [J]. American Journal of Sociology, 1985, 91 (03): 481 – 510.

[22] Höhler J. Heterogeneity of Member Structures as A Challenge for Agribusi-

ness Cooperatives [J]. Zeitschrift Für Das Gesamte Genossens Chaftswesen, 2017, 67 (01): 21 -35.

[23] Hail L. The Impact of Voluntary Corporate Disclosures on The Ex - ante Cost of Capital for Swiss Firms [J]. European Accounting Review, 2002, 11 (4): 741 -773.

[24] Hayek F A. The Use of Knowledge in Society [J]. The American Economic Review, 1945 (09): 519 -530.

[25] Iliopoulos C, Valentinov V. Member Preference Heterogeneity and System - Lifeworld Dichotomy in Cooperatives: An Exploratory Case Study [J]. Journal of Organizational Change Management, 2017, 30 (07): 1063 -1080.

[26] Iliopoulos C, Cook M L. The Efficiency of Internal Resource Allocation Decisions in Customer - owned Firms: The Influence Costs Problem [C]. The 3d Annual Conference of the International Society for New Institutional Economics Washington D C, 1999 (09): 16 -18.

[27] Jia X, Huang J. Contractual Arrangements Between Farmer Cooperatives and Buyers in China [J]. Food Policy, 2011 (05): 656 - 666.

[28] John James. A Preliminary Study of the Size Determinant in Small Group Interaction [J]. American Sociological Review, 1951 (08): 474 -477.

[29] Karantinin K, Zago A. Cooperatives and Membership Commitment: Endogenous Membership in Mixed Duopolies [J]. American Journal of Agricultural Economics, 2001, 83 (05): 1266 -1272.

[30] Karlan D. Social Connections and Group Banking [J]. Economic Journal, 2007, 117 (07): 52 -84.

[31] LeVay C. Agricultural Cooperative Theory: A Review [J]. Journal of Agricultural Economics, 1983, 34 (01): 1 -44.

[32] Nee V. Norms and Networks in Economic and Organization Performance. American [J]. Economic Review, 1998 (02): 85 -89.

[33] Nilsson J. Organization Principles for Cooperative Firms [J]. Scandinavian Journal of Management, 2001 (17): 329 -356.

[34] O. E. Williamson. The Economic Institutions of Capitalism [M]. New York: Free Press, 1985.

[35] Peng Y. Kinship Networks and Entrepreneurs in China's Transitional Economy [J]. American Journal of Sociology, 2004, 109 (05): 1045 – 1074.

[36] Sexton R J. Cooperatives and Forces Shaping Agricultural Marketing [J]. American Journal of Agricultural Economics, 1986 (05): 1167 – 1172.

[37] Shumeta Z, D. Haese M. Do Coffee Cooperatives Benefit Farmers? An Exploration of Heterogeneous Impact of Coffee Cooperative Membership in Southwest Ethiopia [J]. International Food & Agribusiness Management Association, 2016, 19 (04): 1 – 16.

[38] Staatz J M. Recent Developments in the Theory of Agricultural Cooperation [J]. Journal of Agricultural Cooperation, 1987 (02): 74 – 95.

[39] Staatz J M. The Cooperative as A Coalition: A Game – theoretic Approach [J]. American Journal of Agricultural Economics, 1983 (05): 1084 – 1089.

[40] Staatz. The Cooperatives as A Coalition: A Game – theoretic Approach [J]. American Journal of Agricultural Economics, 2001, 65 (03): 1084 – 1089.

[41] Stephen Knack, Philip Keefer. Does Social Capital Have an Economic Payoff? A Cross – Country Investigation [J]. The Quarterly Journal of Economics, 1997, 112 (04): 1251 – 1288.

[42] Zusman P, Rausser G C. Intraorganizational Influence Relations and the Optimality of Collective Action [J]. Journal of Economic Behavior & Organization, 1992 (01): 1 – 17.

[43] Zusman P. Constitutional Selection of Collective Choice Rules in a Cooperative Enterprise [J]. Journal of Economic Behavior and Organization, 1992, 17 (10): 353 – 362.

[44] 贝多广．金融发展的次序——从宏观金融、资本市场到普惠金融 [M]．北京：中国金融出版社，2017.

[45] 蔡起华，朱玉春．社会信任、关系网络与农户参与农村公共产品供给 [J]．中国农村经济，2015 (07): 57 – 69.

[46] 陈东平，钱卓林．资本累积不必然引起农村资金互助社使命漂移——以江苏省滨海县为例 [J]．农业经济问题，2015 (03): 40 – 46.

[47] 陈东平，任芃兴．成员异质性与农村资金互助组织非“民主治理”——以苏北地区为例 [J]．南京农业大学学报（社会科学版），2013 (04):

45－53.

［48］陈东平，张雷，张蕴嘉．资金互助组织“隧道行为”及其抑制措施——以苏北 22 家资金互助社为例［J］．金融经济学研究，2017（01）：121－128.

［49］陈叶烽，叶航，汪丁丁．信任水平的测度及其对合作的影响——来自一组实验微观数据的证据［J］．管理世界，2010（04）：54－64.

［50］陈雨露，马勇，杨栋．农户类型变迁中的资本机制：假说与实证［J］．金融研究，2009（04）：52－62.

［51］程恩江，刘西川等．农业合作社融资与农村合作金融组织发展［M］．杭州：浙江大学出版社，2014.

［52］崔宝玉，李晓明．异质性合作社内源型资本供给约束的实证分析——基于浙江临海丰翼合作社的典型案例［J］．财贸研究，2008（04）：36－42.

［53］崔彩贤，边丽瑾，赵晓峰．农民合作社信用合作满意度实证研究——基于内部社会资本分析视角［J］．西北农林科技大学学报（社会科学版），2020，20（01）：42－51.

［54］崔桂莲．韩国农协捆绑项目对我国农民专业合作社的启示［J］．当代韩国，2016（04）：61－67.

［55］单玉丽．台湾农业金融改革之路与前景［J］．亚太经济，2007（04）：62－66.

［56］邓衡山，王文烂．合作社的本质规定与现实检视——中国到底有没有真正的农民合作社？［J］．中国农村经济，2014（07）：15－26.

［57］董晓林，石晓磊，徐虹．农民资金互助社经营目标偏移的实证解释——基于社会资本视角［J］．东南大学学报（哲学社会科学版），2018，20（02）：52－59＋146.

［58］杜晓山，刘文璞，张保民，孙同全，储英奂等．中国公益性小额信贷［M］．北京：社会科学文献出版社，2008.

［59］杜吟棠．农业产业化经营和农民组织创新对农民收入的影响［J］．中国农村观察，2005（03）：9－18.

［60］费孝通．乡土中国［M］．北京：人民出版社，2008.

［61］冯娟娟，霍学喜．成员参与合作社治理行为及其影响因素——基于 273 个苹果种植户数据的实证分析［J］．农业技术经济，2017（02）：72－81.

［62］付琼．基于专业合作社的内生型农村资金互助组织研究［J］．当代经济研究，2013（11）：70－74.

［63］高海．合作社核心成员兼任管理者的“责”与“利”［J］．华中科技大学学报（社会科学版），2009（04）：86－87.

［64］高强，张照新．日本、韩国及中国台湾信用合作运行模式、发展经验与启示［J］．中国农村经济，2015（10）：89－96.

［65］管爱国．韩国农协的事业和活动［J］．中国供销合作经济，1994（05）：60－61.

［66］郭富青．西方国家合作社公司化趋向与我国农民专业合作社法的回应［J］．农业经济问题，2007（06）：4－11.

［67］何安华，邵锋，孔祥智．资源禀赋差异与合作利益分配——辽宁省 HS 农民专业合作社案例分析［J］．江淮论坛，2012（01）：11－18.

［68］何广文，李树生等．农村金融学［M］．北京：中国金融出版社，2008.

［69］何广文．农村资金互助合作机制及其绩效阐释［J］．金融理论与实践，2007（04）：3－8.

［70］河北省供销社赴韩考察团，赵增华．关于借鉴韩国农协经验推进供销合作社综合改革的思考［J］．中国合作经济，2014（07）：35－40.

［71］洪正．新型农村金融机构改革可行吗？——基于监督效率视角的分析［J］．经济研究，2011（02）：44－58.

［72］黄珺，朱国玮．异质性成员关系下的合作均衡：基于我国农民合作经济组织成员关系的研究［J］．农业技术经济，2007（05）：38－43.

［73］黄胜忠，徐旭初．成员异质性与农民专业合作社的组织结构分析［J］．南京农业大学学报（社会科学版），2008（03）：1－7.

［74］黄胜忠．转型时期农民专业合作社的组织行为研究——基于成员异质性的视角［M］．杭州：浙江大学出版社，2008.

［75］黄祖辉，邵科，徐旭初．台湾农会的发展经验与启示——兼议大陆农民合作组织的发展方向［J］．台湾研究，2010（05）：43－48.

［76］黄祖辉，徐旭初，冯冠胜．农民专业合作组织发展的影响因素分析——对浙江省农民专业合作组织发展现状的探讨［J］．中国农村经济，2002（03）：13－21.

［77］黄祖辉，俞宁．新型农业经营主体：现状、约束与发展思路——以浙江省为例的分析[J]．中国农村经济，2010（10）：16－26.

［78］姜长云．必须从战略高度进一步重视农业的产业组织创新[J]．调研世界，2008（10）：3－5.

［79］金旭，李春姬，刘畅．韩国农村金融发展经验对中国的启示[J]．东疆学刊，2016，33（02）：101－108.

［80］孔祥智，蒋忱忱．成员异质性对合作社治理机制的影响分析——以四川省井研县联合水果合作社为例[J]．农村经济，2010（09）：8－11.

［81］李富有，冯平涛．发达国家农村合作金融发展的外生性特征及其启示[J]．经济体制改革，2005（05）：150－153.

［82］李明贤，刘娟．中国新型农村资金互助社发展成效与问题评析[J]．湖南农业大学学报（社会科学版），2011（05）：1－5.

［83］李明贤，周孟亮．我国普惠制农村金融体系建设研究［M］．北京：商务出版社，2013.

［84］李明贤，周蓉．社会信任、关系网络与合作社社员资金互助行为——基于一个典型案例研究[J]．农业经济问题，2018（05）：103－113.

［85］李明贤，周蓉．社员异质性与资金互助合作的稳定运行机制[J]．华南农业大学学报（社会科学版），2016（06）：40－48.

［86］李明贤．重构我国农村金融体系研究［M］．长沙：湖南科学技术出版社，2003.

［87］李旭，李雪．社会资本对农民专业合作社成长的影响——基于资源获取中介作用的研究[J]．农业经济问题，2019（01）：125－133.

［88］梁剑峰，李静．“精英俘获”：农民专业合作社成长之困[J]．宏观经济研究，2015（03）：58－62.

［89］林坚，黄胜忠．成员异质性与农民专业合作社的所有权分析[J]．农业经济问题，2007（10）：12－17.

［90］林坚，王宁．公平与效率：合作社组织的思想宗旨及其制度安排[J]．农业经济问题，2002（09）：46－49.

［91］林展，陈志武．阶级身份、互联性交易、季节性与民间借贷——基于民国时期北方农村家计调查[J]．清华大学学报（哲学社会科学版），2015（05）：177－187.

［92］刘洁，张洁．日本农村合作金融体系的构建及其对我国的启示[J]. 现代日本经济，2013（03）：29－36.

［93］刘松涛，王林萍．新《农协法》颁布后日本农协全面改革探析[J]. 现代日本经济，2018（01）：25－36.

［94］刘同山，孔祥智．协作失灵、精英行为与农民合作秩序的演进[J]. 商业经济与管理，2015（10）：29－38.

［95］刘西川，陈立辉，杨奇明．成员主导型金融组织治理：理论框架与比较分析[J]. 农业经济问题，2014（10）：70－80.

［96］刘雨欣，李红，郭翔宇．异质性视角下农机合作社内部监督缺失问题的博弈分析——以黑龙江省为例[J]. 农业经济问题，2016，37（12）：31－38.

［97］楼栋，孔祥智．农民合作社成员异质性研究回顾与展望[J]. 华中农业大学学报（社会科学版），2014（03）：75－81.

［98］陆学艺，张厚义．农民的分化、问题及其对策[J]. 农业经济问题，1990（01）：16－21.

［99］陆学艺．发展变化中的中国农业、农村与农民[J]. 中国社会科学院研究生院学报，2006（04）：42－48.

［100］陆学艺．重新认识农民问题——十年来中国农民的变化[J]. 社会学研究，1989（06）：1－14.

［101］罗伯特·K. Yin. 案例研究：设计与方法（第五版）［M］．重庆：重庆大学出版社，2017.

［102］马光荣，杨恩艳．社会网络、非正规金融与创业[J]. 经济研究，2011，46（03）：83－94.

［103］曼瑟·奥尔森．集体行动的逻辑［M］．陈郁等译．上海：格致出版社，上海人民出版社，2018.

［104］毛丹．中国农村社会分层研究中的几个问题[J]. 浙江社会科学，2003（03）：91－99.

［105］［美］布劳（Blau P M）．不平等和异质性［M］．王春光，谢圣赞译．北京：中国社会科学出版社，1991.

［106］［美］福山（Fukuyama）．信任：社会美德与创造经济繁荣［M］．海口：海南出版社，2001.

［107］聂左玲，汪崇金．专业合作社信用互助：山东试点研究[J]. 农业经

济问题，2017（11）：23－30.

［108］农业部政法司赴韩国专察团．韩国农业是如何应对亚洲金融危机的［J］. 中国农村经济，1999（10）：73－77.

［109］潘劲．中国农民专业合作社：数据背后的解读［J］. 中国农村观察，2011（06）：2－11.

［110］潘婷，何广文等．基于利益共享机制构建的异质性合作社内部融资路径分析［J］. 金融理论与实践，2015（02）：1－6.

［111］彭长生，孟令杰．异质性偏好与集体行动的均衡：一个理论分析框架［J］. 南开经济研究，2007（06）：142－150.

［112］彭春凝，苟正金．论我国农村资金互助社的法律制度完善［J］. 西南民族大学学报（人文社会科学版），2011（06）：108－111.

［113］任芃兴．农民资金互助社合作金融功能异化机理研究——基于成员异质性视角［D］. 南京：南京农业大学，2012.

［114］戎承法，楼栋．专业合作基础上发展资金互助的效果及其影响因素分析——基于九省 68 家开展资金互助业务的农民专业合作社的调查［J］. 农业经济问题，2011（10）：89－95.

［115］阮蔚．日本农协面临的改革难题及对中国的启示［J］. 中国农村经济，2006（07）：72－76.

［116］商文莉，郑少锋．农村资金互助组织的生发基础思辨——基于社会资本视角［J］. 财经问题研究，2015（09）：100－104.

［117］邵科，徐旭初．成员异质性对农民专业合作社治理结构的影响——基于浙江省 88 家合作社的分析［J］. 西北农林科技大学学报（社会科学版），2008（02）：5－9.

［118］邵科，徐旭初．合作社社员参与，概念角色与行为特征［J］. 经济学家，2013（01）：85－92.

［119］申龙均，韩忠富．韩国综合农协对我国发展农民综合合作社的启示［J］. 经济纵横，2014（05）：104－107.

［120］沈红丽．农户借贷行为的 Heckman 两阶段模型分析——基于天津市农村二元金融结构视角［J］. 统计与信息论坛，2016（01）：80－86.

［121］石磊．建构国家与农民关系的“第二纵队”——韩国农协的变革及其启示［J］. 国家行政学院学报，2005（04）：85－88.

［122］苏宝玉．台湾农业金库的运作模式及其对内地农信社改革的启示［J］．南方金融，2010（10）：38－40.

［123］苏彤．合作金融发展路径研究［D］．沈阳：辽宁大学，2009.

［124］孙亚范．农民专业合作经济组织利益机制分析［M］．北京：社会科学文献出版社，2009.

［125］孙亚范．农民专业合作经济组织利益机制及影响因素分析——基于江苏省的实证研究［J］．农业经济问题，2008（09）：48－56.

［126］孙亚范．新型农民专业组织发展研究［M］．北京：社会科学文献出版社，2006.

［127］万能，原新．1978 年以来中国农民的阶层分化：回顾与反思［J］．中国农村观察，2009（04）：65－73.

［128］汪小亚．新型农村合作金融组织案例研究［M］．北京：中国金融出版社，2016：51－58.

［129］王军．中国农民合作社变异的经济逻辑［J］．经济与管理研究，2015，36（01）：34－39.

［130］王曙光，王琼慧．论社会网络扶贫：内涵、理论基础与实践模式［J］．农村经济，2018（01）：1－10.

［131］王曙光．乡土重建——农村金融与农民合作［M］．北京：中国发展出版社，2009.

［132］王天赐．我国商业银行贷款定价的理论模型与实证分析——基于近四年 234 家公司数据的检验［J］．宏观经济研究，2012（03）：106－111.

［133］王永钦，包特．互联合约的理论：我们站在哪里了［J］．世界经济文汇，2009（06）：49－66.

［134］文雷．农民专业合作社治理机制会影响其绩效吗？——基于山东、河南、陕西三省 153 份问卷的实证研究［J］．经济社会体制比较，2016（06）：134－144.

［135］吴宝，李正卫，池仁勇．社会资本、融资结网与企业间风险传染——浙江案例研究［J］．社会学研究，2011，26（03）：84－105＋244.

［136］吴占权．新型农村金融机构的贷款定价问题探讨［J］．农村经济，2009（10）：69－72.

［137］夏英，宋彦峰，濮梦琪．以农民专业合作社为基础的资金互助制度分

析[J]. 农业经济问题，2010（04）：29－30.

［138］谢平．中国农村信用合作社体制改革的争论[J]. 金融研究，2001（01）：1－13.

［139］谢识予．经济博弈论［M］．上海：复旦大学出版社，2014.

［140］徐旭初，邵科．合作社成员异质性：内涵特征、演化路径与应对方略[J]. 农林经济管理学报，2014（06）：571－576.

［141］徐旭初，吴彬．异化抑或创新？——对中国农民合作社特殊性的理论思考[J]. 中国农村经济，2017（12）：2－17.

［142］徐志刚，张森，邓衡山，黄季焜．社会信任：组织产生、存续和发展的必要条件？——来自中国农民专业合作经济组织发展的经验[J]. 中国软科学，2011（01）：47－58.

［143］薛桂霞，孙炜琳．对农民专业合作社开展信用合作的思考[J]. 农业经济问题，2013（04）：76－80.

［144］亚当·斯密．道德情操论［M］．北京：商务印书馆，2016.

［145］颜华，冯婷．农民专业合作社普通成员的利益实现及其保障机制研究——基于黑龙江省25家种植业合作社的调查[J]. 农业经济问题，2015（02）：34－40.

［146］杨汝岱，陈斌开，朱诗娥．基于社会网络视角的农户民间借贷需求行为研究[J]. 经济研究，2011，46（11）：116－129.

［147］杨团，孙炳耀．综合农协：中国“三农”改革突破［M］．北京：社会科学文献出版社，2013.

［148］应瑞瑶，唐春燕，邓衡山，徐志刚．成员异质性、合作博弈与利益分配——一个对农民专业合作社盈余分配机制安排的经济解释[J]. 财贸研究，2016（03）：72－79.

［149］于会娟，韩立民．要素禀赋差异、成员异质性与农民专业合作社治理[J]. 山东大学学报（哲学社会科学版），2013（02）：150－154.

［150］袁久和，祁春节．异质性农民专业合作社成员合作关系及其稳定性研究［J]. 财贸研究，2013（03）：54－60.

［151］苑鹏，彭莹莹．农民专业合作社开展信用合作的现状研究[J]. 农村经济，2013（04）：3－6.

［152］苑鹏．改革以来农村合作经济组织的发展[J]. 经济研究参考，2008

(31): 20-22.

[153] 苑鹏. 中国特色的农民合作社制度的变异现象研究[J]. 中国农村观察, 2013 (03): 40-46.

[154] 张德元, 潘纬. 农民专业合作社内部资金互助行为的社会资本逻辑——以安徽J县惠民专业合作社为例[J]. 农村经济, 2016 (01): 119-125.

[155] 张红宇. 对新时期农民组织化几个问题的思考[J]. 农业经济问题, 2007 (03): 4-10.

[156] 张靖会. 同质性与异质性对农民专业合作社的影响——基于俱乐部理论的研究[J]. 齐鲁学刊, 2012 (01): 86-90.

[157] 张琦. 对经济不发达地区农村合作金融组织制度创新的思考——以西北地区为例的分析[J]. 农业经济问题, 2007 (03): 31-36.

[158] 张维迎, 柯荣住. 信任及其解释: 来自中国的跨省调查分析[J]. 经济研究, 2002 (10): 59-70.

[159] 张文棋. 台湾合作金融: 发展与借鉴[J]. 亚太经济, 2006 (02): 68-71.

[160] 张晓山. 农民专业合作社的发展趋势探析[J]. 管理世界, 2009 (05): 89-96.

[161] 张晓山. 农民专业合作社发展需要关注的一些问题[J]. 农村经营管理, 2011 (01): 18-23.

[162] 张晓山. 有关中国农民专业合作组织发展的几个问题[J]. 农村经济, 2005 (01): 4-7.

[163] 张忠宇. 我国农业专业合作组织可持续发展研究——基于台湾农会经验[J]. 地方财政研究, 2015 (11): 71-77.

[164] 章元, 陆铭. 社会网络是否有助于提高农民工的工资水平? [J]. 管理世界, 2009 (03): 45-54.

[165] 赵剑治, 陆铭. 关系对农村收入差距的贡献及其地区差异——一项基于回归的分解分析[J]. 经济学 (季刊), 2010 (01): 363-390.

[166] 赵锦春, 包宗顺. 社员异质性与农民资金互助社的资本管理[J]. 山西财经大学学报, 2016 (12): 75-88.

[167] 赵凯. 论农民专业合作社社员的异质性及其定量测定方法[J]. 华南农业大学学报 (社会科学版), 2012 (04): 57-66.

［168］赵旭宏．我国台湾地区农村金融体系的构建及启示[J]．农村金融研究，2016（06）：32－35.

［169］钟真，穆娜娜，齐介礼．内部信任对农民合作社农产品质量安全控制效果的影响——基于三家奶农合作社的案例分析[J]．中国农村经济，2016（01）：40－52.

［170］周静，牛亚丽，闫磊．借鉴韩国农协经验促进中国农民专业合作社健康发展[J]．世界农业，2014（03）：34－37.

［171］周娟．农民分化结构下农民合作组织的建设？——韩国的经验与启示[J]．农业经济问题，2017（05）：102－109.

［172］周文根．基于企业框架的专业合作组织激励机制[J]．中央财经大学学报，2007（07）：47－51.

［173］周应恒，胡凌啸．中国农民专业合作社还能否实现“弱者的联合”？——基于中日实践的对比分析[J]．中国农村经济，2016（06）：30－38.

附录1　社员参与合作社内资金互助调查问卷

问卷编号：________

调查时间：________

尊敬的社员，您好！我是湖南农业大学经济学院博士，本次调研的目的是通过了解社员参与合作社内资金互助业务的情况，主要用于我院博士作学术研究，也为贵社资金互助业务的持续健康发展提供一些对策建议及理论参考，希望得到您的理解和支持！

说明：本问卷提到的农村资金互助部是隶属于专业合作社内部，以产业为基础，由社员共同组建，帮助内部社员融资的新型农村合作金融组织。

一、社员生产经营情况

1.1　您的姓名：____________。

性别：男□　女□

年龄：____________。

居住所在地：________村________组。

联系方式：____________。

1.2　家庭总人口________，其中从事种植、养殖的劳动力人数________。

1.3　您的文化程度（　　）。

A. 小学及以下　　B. 初中　　C. 高中或中专
D. 大专或本科　　E. 硕士及以上

1.4　加入合作社后，每年家庭种植、养殖业投入固定成本为（　　）。
A. 1 万 ~5 万元　　B. 5.1 万 ~10 万元　　C. 10.1 万 ~15 万元
D. 15.1 万 ~20 万元　　E. 20.1 万元以上

1.5　加入合作社后，每年家庭种植、养殖业的产出值为（　　）。
A. 1 万 ~5 万元　　B. 5.1 万 ~10 万元　　C. 10.1 万 ~15 万元
D. 15.1 万 ~20 万元　　E. 20.1 万元以上

1.6　家庭主要收入来源是（　　）。
A. 种植、养殖业　　B. 外出打工　　C. 合作社分红、投资
D. 经商创业　　E. 工资收入　　F. 政府补贴、子女赡养
G. 其他，请说明____________

1.7　您家庭近三年年均收入为（　　）。
A. 1 万 ~5 万元　　B. 5.1 万 ~10 万元　　C. 10.1 万 ~15 万元
D. 15.1 万 ~20 万元　　E. 20.1 万元以上

1.8　近三年家庭年支出大约为（　　）。
A. 1 万 ~5 万元　　B. 5.1 万 ~10 万元　　C. 10.1 万 ~15 万元
D. 15.1 万 ~20 万元　　E. 20.1 万元以上

1.9　您在生产经营中面临的最主要的困难是（　　）。
A. 农资及劳动成本上升　　B. 融资难、融资成本高
C. 农产品销售困难　　D. 技术不成熟
E. 自然灾害　　F. 市场行情不好
G. 其他（请说明____________）

1.10　您是否受到过种植、养殖专业技术培训？（　　）。
A. 是　　B. 否

1.11　您是否有给别人培训种养技术或提供技术服务的经历？（　　）。
A. 是　　B. 否

1.12　是否有近亲在乡镇部门或金融机构任职？（　　）。
A. 是，有____________人　　B. 否

1.13　您家人与亲戚、邻里关系如何？（　　）。
A. 从不来往　　B. 来往较少　　C. 一般

D. 来往较多　　E. 来往很多

1.14　您家办一次喜酒大约有几桌客人？（　　）。

1.15　您家办一次喜酒收取的礼金总额在村内属于什么水平？（　　）。

A. 1 万元以内　　B. 1.1 万~4 万元　　C. 4.1 万~7 万元

D. 7.1 万~10 万元　　E. 10.1 万元以上

二、社员参与资金互助的情况

2.1　您在合作社资金互助部的身份是（　　）。

A. 普通社员　　B. 社员代表

C. 监、理事会成员　　D. 监、理事长

2.2　您加入合作社资金互助部的目的是（　　）。

A. 获得生产性贷款　　B. 方便存款　　C. 方便赊购物资

D. 为了获得分红和利息　　E. 获得经营管理权　　F. 销售农产品

G. 其他（请说明____________）

2.3　您加入合作社资金互助部必须缴纳股金吗？（　　）。

A. 需要，是____________元　　B. 不需要

2.4　您是否信任理事长和资金互助部？（　　）。

A. 非常不信任　　B. 比较不信任　　C. 一般

D. 比较信任　　E. 非常信任

2.5　您觉得您在村内的信誉如何？（　　）。

A. 非常低　　B. 比较低　　C. 一般

D. 比较高　　E. 非常高

2.6　您对从事经济活动的风险的态度一般是（　　）。

A. 非常怕冒险　　B. 比较怕冒险　　C. 一般

D. 比较喜欢冒险　　E. 非常喜欢冒险

2.7　您对合作社内资金互助部提供的金融服务是否了解？（　　）。

A. 完全不了解　　B. 不太了解　　C. 一般

D. 比较了解　　E. 非常了解

2.8 您是否参与资金互助部的金融服务的监督与管理？(　　)。

A. 参与　　B. 没参与

2.9 你在资金互助部的评级授信为几级？(　　)。

A. 一级（借款额度为5万元）　　B. 二级（3万元）

C. 三级（2万元）　　D. 不清楚

2.10 自从资金互助部成立，您的生产经营规模是否扩大？(　　)。

A. 规模减小（原因是____________）　　B. 规模没变化

C. 规模扩大

2.11 自从资金互助部成立，您的种植、养殖业年产值有没有变化？(　　)。

A. 产值减少（原因是____________）　　B. 产值没有变化

C. 产值增加

三、社员融资需求和存贷情况

3.1 您在近三年有向合作社的资金互助部存款吗？(　　)。

A. 有，____________元　B. 没有

3.2 您认为从合作社的资金互助部获得贷款（或者赊购）的难易程度如何？(　　)。

A. 非常难　　B. 比较难　　C. 一般

D. 比较容易　　E. 非常容易

3.3 您在近三年生产经营活动方面有过借贷需求吗？（　　）（如果选B，调查结束）。

A. 有　　B. 没有

3.4 您在生产经营过程中的融资途径按优先顺序排列（　　）（前三）。

A. 合作社内资金互助部

B. 民间借贷（个人、非正规借贷组织）

C. 农信社（农商行）

D. 商业银行

E. 邮储银行

F. 新型农村金融机构（村镇银行、小额信贷公司、农村资金互助社）

3.5　您是否向合作社资金互助部申请过互助金（贷款或赊购、赊销）?（　　）（如果选B，选题跳至3.13）。

A. 有　　　　B. 没有

3.6　请问您在借钱（赊购）时，您主要考虑的因素是（　　）。

A. 手续是否便捷　　　　B. 还款灵活性

C. 放款是否快捷　　　　D. 利率高低

E. 其他（请说明____________）

3.7　您申请贷款后获得的资金主要用途是（　　）（可多选）。

A. 农业生产　　　　B. 经商投资　　　　C. 基本生活开支

D. 人情开支　　　　E. 看病就医　　　　F. 修缮建房

3.8　您觉得资金互助部的贷款利率（　　）。

A. 非常高　　　　B. 比较高　　　　C. 刚好合适

D. 比较低　　　　E. 非常低

3.9　如果利率降低，您会增加贷款吗?（　　）。

A. 会增加　　　　B. 不会增加

3.10　如果有从资金互助社成功贷款（赊销）的经历，则：

贷款时间（近三年）	申请的贷款额度（元）	实际获得的贷款额度（元）	利率（%）	还款期限（月）

3.11　如果您实际获得的互助金少于申请的额度，原因是（　　）。

A. 交易量不够

B. 信用问题

C. 还款能力不足

D. 合作社资金短缺

E. 其他（请说明____________）

3.12　自从加入合作社的资金互助部，融资问题有没有得到解决?（　　）。

A. 没起作用　　　　B. 解决小部分　　　　C. 解决一半

D. 解决大部分　　E. 完全能解决

3.13 如果没有向合作社资金互助部申请贷款的原因是（　　）（可多选）。

A. 借款程序复杂　　B. 利率或其他成本过高

C. 审批时间长　　D. 没有关系

E. 没有担保人　　F. 还款能力不足，贷不到

G. 不信任合作社　　H. 其他（请说明____________）

被访谈人姓名：____________　电话：____________

附录2　合作社内资金互助发展情况调查问卷

问卷编号：____________

调查时间：____________

尊敬的理事长（监事长）：

为掌握农民专业合作社内资金互助发展建设情况，进一步研究制定推进农村合作金融组织发展的政策和建议，我们编制了这份调查问卷，选取贵社作为调查对象，您所填报资料只做学术课题的分析参考，不作商业用途。诚恳希望您在百忙之中协助我们完成这项重要的调查，非常感谢您的配合与支持！

注释："农民资金互助社"指依托农民专业合作社产业发展基础上，由社员共同组建、为内部社员提供融资服务的资金互助组织。

一、受访者基本情况

1. 您的姓名：__________年龄：__________性别：男□　　女□

2. 所在地区：__________省__________市（地区）__________县（市）。

3. 家庭成员共__________人，其中劳动人口有__________人。

4. 您的文化程度（　　）。

A. 小学及小学以下　　B. 初中　　C. 高中

D. 大专　　E. 本科及以上

5. 您在合作社内资金互助部的身份是（　　）。

A. 理事长　　　　B. 理事会成员

C. 监事长　　　　D. 监事会成员

二、合作社内资金互助基本情况

1. 合作社内资金互助部名称：________________。

2. 合作社内资金互助部成立时间：________________。

3.（1）注册资金：________；

（2）资本准备金占比：________；

（3）现有资本：________；

（4）资本准备金占比：________。

4.（1）合作社刚成立时社员________名，股东人数________名。

（2）现在在册社员________名，股东人数________名。

5.（1）有存款的社员占________%；

（2）享受过贷款服务的社员占________%；

（3）贷款成功率________%；

（4）违约率________%；

（5）贷款利率________%；

（6）存贷服务是________（1. 封闭型；　2. 开放型）。

6. 资金互助部发起人身份是（　　）。

A. 村组干部　　　　B. 基层农技服务组织

C. 社会团体法人代表　　　　D. 企业法人代表

E. 能人　　　　F. 最大股东

G. 其他________

7. 社员来自（　　）。

A. 本村　　　　B. 本乡镇

C. 本乡镇以外　　　　D. 都有

8. 社员成分：

A. 种植户占比________%；B. 养殖户占比________%；

C. 个体户占比________%；D. 兼业户占比________%；

E. 其他占比________%。

三、合作社内部运行机理

附表 1 合作社内部治理机制和运行情况

		其他
1. 理事长产生办法	1. 社员选举 2. 大股东推举 3. 政府任命	
2. 最大股东和理事长是否同一人	1. 是 2. 否	
3. 是否有组织管理制度，风险防范制度	1. 是 2. 否	
4. 是否有监事会	1. 是 2. 否	
5. 是否定期召开社员大会	1. 是 2. 否	
6. 是否采用一人一票的民主决策方式	1. 是 2. 否	
7. 互助金的现金管理是否开设专门账户	1. 是 2. 否	
8. 互助金审批是否需要多人共同审理	1. 是（需要__________人审理） 2. 否	
9. 单个社员入社缴纳股金的上限、下限	上限__________； 下限__________	
10. 是否有单笔贷款上限	1. 是（如果有，上限是__________） 2. 否	
11. 是否开展社员的信用评定工作	1. 是 2. 否	

续表

		其他
12. 股东开会次数（每年）		
13. 社员代表大会开会次数（每年）		
14. 是否存在社员退社现象	1. 是 2. 否	

四、合作社内部组织结构

附表 2　合作社内部组织结构

		其他
1. 从初始资金来源角度，资金互助部的组织形式	1. 财政资金主导型 2. 外部资金捐助型 3. 完全资金互助型	
2. 从经营模式的角度看，资金互助部发起动因	1. 基于专业合作社规模扩大，合作社和社员需要资金融通 2. 内外结合，即基于专业合作社内部发展的扩大，又依赖外部的财政资金的扶持 3. 完全由外部因素（政府发起）推动 4. 社会公益组织发起，具扶贫性	
3. 资金互助部监、理事会产生办法	1. 社员选举 2. 理事长任命 3. 只要成员推举 4. 自荐 5. 其他	

续表

		其他
4. 普通社员对资金互助社管理相关事宜提出的意见和建议情况	1. 非常多 2. 比较多 3. 一般 4. 较少 5. 非常少	
5. 资金互助部对社员提供的服务主要有哪些	1. 存款服务 2. 贷款服务 3. 投资理财服务 4. 农业保险服务 5. 信用卡服务 6. 农资赊购	
6. 资金互助的贷款价格由谁决定	1. 政府 2. 市场 3. 理事长 4. 社员代表 5. 其他	
7. 贷款利率与同期当地商业银行贷款价格比较	1. 更低 2. 基本持平 3. 更高	
8. 存款利率与同期当地商业银行比较	1. 更低 2. 基本持平 3 更高	
9. 社员获得贷款需要的条件有哪些	1. 与合作社有交易 2. 需要在本互助社有存款（存款 > 贷款） 3. 有存款（存款数目无要求） 4. 需要担保人 5. 需要抵押品 6. 无条件	

五、合作社资金互助部存贷款情况

附表 3　合作社核心社员入股情况

股金成分	占比（%）	其他说明
1. 理事长占股		
2. 理事会（不包含社员代表）中股东的比例		
3. 社员代表中股东比例		
4. 监事会成员中股东比例		
5. 监理事会成员入社缴纳股金		

附表 4　合作社资金互助部放贷额度

	2014 年（万元,%）	2015 年（万元,%）	2016 年（万元,%）
1. 全年发放贷款总额			
2. 监、理事会成员贷款总额			
3. 全年吸收存款总额			
4. 监、理事会成员存款总额			
5. 贷款年利率			
6. 存款年利率			
7. 不良贷款率			
8. 获得贷款服务的社员占比			

附表 5　合作社资金互助部存贷次数

借贷金额（元）	抵押贷款次数（利率）	信用贷款次数（利率）	商品信用（农资、农产品赊销赊购）次数（利率）	存款次数（利率）
5000 以下				
5000 ~ 10000				
10000 ~ 30000				
30000 ~ 50000				
50000 以上				

六、合作社资金互助总体经营情况

附表 6　合作社资金互助总体经营情况

	2014 年（万元,%）	2015 年（万元,%）	2016 年（万元,%）
1. 年末固定资产总值			
2. 年度盈余总额			
3. 年度运营及管理成本			
4. 给社员的分红占比			
5. 提取的公积金比例			
6. 提取的风险金比例			

被访谈人姓名：____________　电话：____________

后　记

本书是我的博士学位论文，经历了许多个伏案笔耕的日子，终于可以出版了，在本书即将付梓出版之际，我的心里涌动着谢意和感恩，心情久久不能平静，借此后记写下我真挚的谢意和印在心里的过往。

大学毕业后，唯一的念想就是继续求学深造，总觉得只有校园才是我实现最初梦想的理想场所。经历两次面壁苦读的研究生入学考试，终于踏进了能让我继续求学的大学校门，至今难以忘怀当时那份录取通知书给我带来的冲击和兴奋！教育的功能是伟大的，她可以使人实现社会角色的转变。当然，也是教育一路引领着我，将我从一个不谙世事的农村小姑娘，蜕变成现在的一位成熟理性的大学教师。

首先要感谢我的导师李明贤教授。记得 2013 年的春天，我第二次考研失败，万念俱灰。后经同学引荐，给素未谋面的李老师发了一封自荐邮件，第二天李老师就回复了我，还附上鼓励的话语，这是我万万不敢想的。那一刻，我感动得热泪盈眶，忽然意识到，我找到了人生的方向和向导，有什么比这更开心的事呢！五年的硕博连读已画上句号，但李老师广博的学术造诣、严谨的治学态度、勤勉的敬业精神以及如沐春风的音容笑貌都令我终身受益。文章是在李老师的悉心指导下完成的，从论文的选题、研究方案的设计、研究工作的实施到论文最后的定稿，整个过程都渗透着导师的心血。一日为师，终身为母，无论在学术上、生活上，还是在精神上，李老师都是我最敬重和感恩的人生导师。

还有太多感谢要送给湖南农大经济学院的老师们，我很荣幸和他们成为了同事，但在我心中他们永远是我尊敬的老师。在研究生学习期间，他们不但在课堂上传授了专业知识，还在博士论文写作过程中给予我很多中肯的意见和建议。感谢湖南农业大学副校长曾福生教授，用他的高瞻远瞩，给我指明求学的方向；感谢罗光强教授，用他的幽默风趣，给我鞭策和关心；感谢经济学院匡远配教授，用他的真诚和包容，给我鼓励与信心；感谢刘辉教授、周孟亮教授、黎红梅教授，他们用他们的专业素养，给我诸多指导和建议；还要感谢给予我指导和关心的老师们和同事们，为避免挂一漏百，这里就不一一列举。

有太多感谢要送给我的师兄师姐和同班同学，在求学期间遇到了这样一群同窗好友，是人生之幸事！感谢师姐罗荷花博士和樊英博士，将求学、科研经历与我分享，鞭策我前进；感谢师兄戴鹏博士、李飞博士和李星星博士，在论文写作和论文数据收集时，给我支持；感谢同窗好友张磊、周静、周丽、何友、卓乐，她们给我的生活带来了真实和感动。感谢室友唐文婷、周念，永远不曾忘记那些和她们在寝室里探讨人生哲学的夜晚；当然，还有很多朋友都需要感谢，是他们让我知道我不是一个人在战斗。

有太多感谢要送给我的家人，特别感谢我的爸爸周炳山先生，今年虽已六十有四，却不辞辛苦，三十年如一日，在城里坚守着一份农民工的职责和对家庭的担当；特别感谢我的哥哥周敏先生，比我大五岁，却更像一个小父亲，时常不忘叮嘱我要多读书、读好书。我永远不曾忘记，大学和研究生期间多少个日夜里，哥哥常打电话问我是否缺零花钱。

还有太多感谢要送给我的亲人，特别感谢公公伍岳华先生和婆婆徐令群女士，在我读博期间，不仅在经济上支持我，还尽心尽力照顾我的儿子，让他健康快乐地成长；特别感谢我的先生伍砺锋先生，一直支持我、爱护我、包容我，他的宠爱是我安心完成学业的最大动力和信心；还要特别感谢我的儿子小黑米，读博期间陪伴他的日子真是太少了，但他甚是乖巧懂事，时常带给我感动。

最后，仅以此书献给我的母亲罗金菊女士，我猜如果她知晓女儿如今成为一名博士、一名教师，她应该是世界上最开心、最得意的人。

周　蓉

2020 年 5 月 5 日